ミラクルハッピー
ヒミツの心理テスト MAX

作❤クロイ

マックス
MAX

JN243172

西東社

もくじ

ホントの自分 ☆ 発見テスト

心の奥のホントの気持ちを
ズバッと診断!
テストであなたの
かくれた魅力や
ぴったりのおしゃれも
わかっちゃうよ!

このテストでわかるのは…
オモテの顔とウラの顔

あ を選んだ子は… **さわやか系八方美人**

あなたはみんなにやさしいって思われているけど、実は本心をかくして人の意見に合わせちゃう八方美人。いい人に思われたくてムリしちゃうのかな。でもやさしさは本物だから、本音を言っても友だちは受け止めてくれるよ。もっと素の自分を出して大丈夫！

い を選んだ子は… **ピュアな女王様**

あなたは、素直そうに見られているけど、実はけっこうおこりっぽいタイプみたいね。本当はちょっとしたことでもムッとしちゃうけど、がまんしているんじゃない？　でもついキツい口調になって、みんなに気づかれちゃうかも。気をつけてね。

う を選んだ子は… **いやし系目立ちたガール**

あなたは、みんなにおとなしいって思われているけど、実はひそかに目立ちたいと思っているでしょ？　おとなしくしていたらもったいない！　みんなの注目をあつめるクラスの主役になりたかったら、もっと積極的になっていいよ！

え を選んだ子は… **無邪気に見えるクール女子**

あなたは、子どもっぽく見えるけれど実はすごい大人。みんなのことを子どもって感じながらも、合わせているのかな？　大人っぽいあなたも魅力的だから、ウラの顔を出してみたら？　実はあなたと同じように、クールな自分をかくしている子がいるかもよ。

やっぱり…
人の好みに合わせがち…
回想その1
スキな芸能人の話題でも……
アイドルのAくん！カッコイイよねー!!
そーだね!!
FASHION 男性アイドル特集!!
ロックバンドの人の方が…
カワイイー♡ ほしーい♡
好みじゃないなあ…
カワイイねー
お買い物のときも……
回想その2
たしかに…
あたってる!!
みんなと同じ意見じゃないとって思っていたけど…
よし！これからは素の自分も出して行くぞー！
心理テストってすごーい！
もっと自分のこと知りたい
心理テスト 心理テスト
立ち直りはやいな

テスト 2

お弁当のおかずはなに?

お弁当箱にひとつだけあいているところが
あるよ。なにを入れる?

 あ ハンバーグ　 **い** あげもの

う プチトマト　**え** たまごやき

テスト結果は次のページ ➡

あ

赤ちゃんレベル

思い通りにならないとついワガママになってしまうあなた。ほしいものを買ってもらえなくてダダをこねて、お母さんを困らせたりしていない？　もうすこしまわりを見れるようになるといいね。

い

まだまだおこちゃま

あなたは、まわりのみんなが大人に見えて「とりのこされた」って感じていない？でもいつかは大人になっちゃうものだし、今のうちはむじゃきな子どもっぽさも魅力のひとつだよね。

う

ちょっとお姉さん

あなたは、今の年齢より精神年齢のほうがちょっとだけ上みたい。先輩やお姉さんとかの影響かな？　大人っぽい人にも合わせることができるから、年上の人とも友だちになれそうね！

え

まるで大人！

どんなときも冷静なあなた。ちょっと落ちつきすぎちゃってない？　まわりからは、言葉づかいやしぐさがおばちゃんぽいって思われているかも。たまにはみんなと思いっきりはしゃいでみて！

テスト3

灯台が照らしたものは？

灯台が遠くの景色を照らしたよ。
どこを照らしたか選んでね。

このテストでわかるのは…

診断3 あなたが たいせつにしているもの

あ 恋愛（れんあい）

あなたは、好きな人とずっといっしょにいたいという気持ちが強くて、ロマンチックな恋愛（れんあい）にあこがれているみたい。「お金も将来の夢も気にしない！」そんなあなたにピッタリの運命の人が見つかるといいね☆

い お金

お金がいちばんたいせつなあなた。お金はたくさんあっていいし、むだづかいをしないのはいいことだけど、貯金（ちょきん）や節約（せつやく）ばかりでみんなにケチって思われないように気をつけないとね。

う 将来の夢（しょうらい・ゆめ）

あなたは「将来（しょうらい）はこうなりたい！」っていうはっきりとした目標（もくひょう）があるみたいね。なりたい自分をイメージして、それに向かっていっしょうけんめいがんばればきっと夢（ゆめ）はかなうはずだよ！

え 家族

毎日をいっしょにすごす家族をいちばんたいせつにしているあなた。なにがあってもみんなが家族でいることは変（か）わらないものね。その気持ちをわすれずにいれば、将来（しょうらい）はきっとあなたも幸せな家庭を作れるはずだよ。

お 友情（ゆうじょう）

あなたは、友だちといっしょにいるときがなにより楽しいみたい。友だちをたいせつに思うあなたのことを、相手もきっと同じように思っているはず。これからもたくさんの友だちができそうね♪

テスト 4 いちばん人気はどんな絵？

すごく有名な美術館があるよ。
いちばん人気なのは、どんな絵？

あ 男の人の自画像

い きれいな花の絵

う 稲刈りをしている人たちの絵

え 古いまちなみの絵

テスト結果は次のページ➡ **15**

診断4

あなたのクラスでの キャラクター

あ リーダー

あなたはクラスで、みんなが困ったときに頼りたくなるような存在。あなたの意見はみんなちゃんと聞いてくれるみたいだから、クラス委員になったら、バリバリかつやくしちゃうはず！

い 人気者

あなたはおしゃれでかわいいクラスの人気者。流行にもびんかんで、みんなはあなたのファッションをチェックして参考にしているみたい。自然と友だちが集まってくる、クラスの中心的な存在ね。

う 優等生

クラスでは優等生キャラって思われているあなた。マジメで尊敬されているのね。でも、話しかけにくいって思っている人もいるかも。たまにはギャグを言ってまわりのみんなを笑わせてみて☆

え おとなしい

あなたはクラスのみんなにとっておとなしい子のイメージ。みんなといっしょにはしゃいだりしないから、大人びて見えるみたいね。そんなあなたがいっしょにはしゃいだりしたら、みんな盛り上がるかも！

テスト5 バッグの中に入っていたものは？

今日はデートの日。たいせつにしまっていた
バッグを久しぶりに出したら、中になにか入っていたよ。
それはなに？

あ レシート

い ペン

う おさいふ

え お菓子

テスト結果は次のページ ➡

ドケチ

あなたはドケチ……というと悪い印象だけど、お金のたいせつさがわかっていて、むだづかいしたくないって思っているしっかりさん。でも、みんなで遊んでいるのにお金のことばかり気にして楽しめないこともあるんじゃない？　もうすこし太っぱらになってもいいかも。

ナルシスト

あなたはナルシストさん。ひまさえあればかがみを見ていない？　きれいになりたいって努力するのはいいことだけど、外見ばかりじゃなく、内面もみがいて！　そうすれば自分の新しい魅力に気づけるよ！

エッチ

あなたはエッチなことに興味アリアリ！　精神的にみんなより大人っぽいのかもしれないね。悪いことじゃないけど、おおっぴらに話すとみんなにひかれちゃうこともあるかも。心にとどめておいたほうがよさそうね。

さみしがり

あなたは超さみしがりやさん。口では一人前のことを言っていても、実は、友だちや家族がそばにいないと、とっても不安になっちゃうのね。そろそろひとりでも平気にならなきゃね！　ひとりでも夢中になれることを見つけるといいよ。

テスト 6 新しいカーテンは？

家族が勝手にあなたの部屋のカーテンを
変えちゃった！ どんなカーテンにされたと思う？

あ レース編みの
うすいカーテン

い 花柄のかわいい
カーテン

う 真っ赤で派手な
カーテン

え 黒っぽくて光を
通さないカーテン

テスト結果は次のページ ➡ 19

このテストでわかるのは…

あなたの泣き虫度

 **泣き虫度10%**

あなたは、ふだんあまり泣くことがないし、キツイことがあっても泣きたくないって思っているでしょ？自分の気持をうまくコントロールして、泣きたくなる気持ちをがまんできているみたい。自分で思っている以上に心が大人なのかも。

泣き虫度40%

泣きたくなることがあってもほとんどはこらえることができるあなた。ほかの人よりがまん強いのかもしれないけど、あまりがまんしすぎないで、たまには家族やなかよしの友だちには素直になったほうがスッキリするよ。

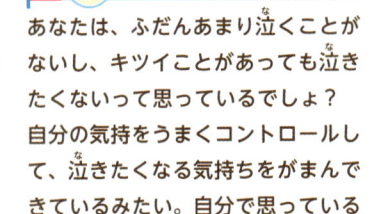

泣き虫度70%

つらくて泣くっていうより、うれしかったり感動したりして泣いちゃうことが多いでしょ？　きっとそれはあなたがほかの人よりも、人の気持ちがわかるやさしい心を持っているから。もしかすると、芸術の才能があるかもね。

泣き虫度100%

すごくきずつきやすいあなた。ちょっとキツイことを言われただけで泣いちゃったりしない？　自分は泣きたくないのに、勝手に涙が出ちゃうことも多いみたいね。少しずつ強くなれるから、あまり気にしすぎなくて大丈夫だよ。

テスト 7

かき氷は なに味が好き？

みんなでかき氷を食べることに。
あなたはなに味にする？

あ ブルーハワイ

い レモン

う メロン

え ストロベリー

 診断7

このテストでわかるのは…
あなたの愛されキャラ度

あ

愛されキャラ度
25%

気づいたらひとりでもくもくとなにかをしている……そんなことが多くない？　それは、きらわれているわけじゃなくて、あなたがしっかりしているから。みんなから「あの子はひとりでも大丈夫」って思われているみたい。

い

愛されキャラ度
50%

いつもはみんなにやさしくされているあなた。でも、大事なときは助けてくれない……なんて思うことない？　それは、大きく成長してほしいっていう気持ちの裏返しだよ。みんなの期待にこたえてあげて。

う

愛されキャラ度
75%

ちょっとしたときにやさしくしてもらえたり、みんなから気を使ってもらえたりするでしょ？　あなたにはどこか「守ってあげたい」って思わせるふんいきがあるみたい。でもみんなの気持ちに甘えてばかりじゃなくて、たまにはお返しができるようになるともっと好かれるよ。

え

愛されキャラ度
100%

みんなあなたにツッコミを入れたり話しかけたりしてくれるでしょ？　それはあなたがカワイイって思われているから。ちょっと頼りなく思われているかもしれないけれど、みんなに好かれる、意外とおいしいキャラクターかもね。

テスト8

いちばん盛り上がった話は?

友だちときのうのテレビ番組の話をしたよ。
いちばん盛り上がったのは
どんな番組の話だったと思う?

- ❤ **あ** ドラマ
- ❤ **い** お笑い番組
- ❤ **う** ニュース番組
- ❤ **え** 映画

テスト結果は次のページ ➡ 23

このテストでわかるのは…

あなたのおしゃれ敏感度

あ おしゃれリーダー！

あなたのおしゃれ敏感度は 95％。今流行っているものをチェックして取り入れるのが上手みたい。あなたにあこがれている子は多いはず！　同じようにおしゃれ好きな友だちと情報交換すると、もっとかわいくなれちゃうかも。

い おしゃれ博士！

あなたのおしゃれ敏感度は 60％。今流行っているものはひと通り知っているあなた。でも、自分に取り入れるのがあまり得意じゃないようね。目立つのがはずかしいと思っているのかな。もっと積極的におしゃれを楽しんで OK！

う おしゃれ勉強中！

あなたのおしゃれ敏感度は 40％。心の中ではおしゃれに興味があるのに、「自分にはにあわない」ってあきらめてない？　流行より、自分に合うおしゃれを見つけると楽しくなるよ。なかのいい友だちに相談してみて。

え まだおしゃれに目覚めていない…

あなたのおしゃれ敏感度は 15％。まだあまりおしゃれに興味がないみたい。実はもっとちがうことに興味があって、おしゃれを後回しにしているのかも。ちょっとずつでもチャレンジすると、もっと魅力的になれちゃうはず。

テスト 9

一部分だけ色がちがうウサギ

かわいいウサギがいるよ。でも、実は一部分だけ体の色がちがうみたい。それはどこ？

あ　耳

い　しっぽ

う　おなか

え　足

テスト結果（けっか）は次（つぎ）のページ➡ **25**

 診断9 あなたにぴったりのおしゃれ

あ ロマンティック

とっても個性的なあなたにぴったりなのは、ロマンティックなファッション。はずかしがらず、ボリュームたっぷりのフリルやレースで女の子らしさをアピールしちゃお！

フリルやレースで
気分はお姫さま！

元気いっぱい
カラフルコーデ！

い ポップカジュアル

元気いっぱいのあなたには、カラフルカラーの服がおにあい！　ヘアスタイルもかわいくアレンジすれば、もっと人気者になれるよ！

くつも花モチーフで
女の子らしく

ボリュームのある
スニーカーがキュート！

大きな
ヘアピンが
ポイント！

 う ガーリー

とっても女の子らしいあなたは、ファッションもとことんガーリーにして！ 女の子が大好きなピンクで、甘いふんいきを出せば超かわいくなれるよ☆ 柄ものやリボンのモチーフを積極的に取り入れてみてね。

柄タイツで
魅力アップ！

シックなぼうしで
大人っぽさを演出☆

 え ボーイッシュ

カッコいい！って思われたいあなたはボーイッシュな着こなしがハマるタイプ。さりげなく女の子っぽいところをプラスすると、おしゃれ度アップ！

ちょっとしたポイントで
女の子らしさもアピール！

いつものあなたは どのタイプ?

いつものあなたについて、いくつか質問をするよ。あまり じっくり考えないで、直感で答えて番号のところにすすんでね。

1

おやつに食べるなら?

チョコレート ➡ **2**へ

バニラアイス ➡ **3**へ

2

最近の通知表の成績は どうだった?

よかった ➡ **4**へ

わるかった ➡ **5**へ

3

今、つくえのまわりは どうなってる?

整理されている ➡ **5**へ

散らかっている ➡ **6**へ

4

おふろで どっちを先に洗う?

頭 ➡ **7**へ

顔 ➡ **8**へ

5

一部だけ おしゃれするならどこ?

つめ ➡ **8**へ

髪 ➡ **9**へ

7

すごくたいせつなもの。
どこにしまう?

ひきだしの中 → 診断 Ａ へ

カバン → 診断 Ｂ へ

6

テストの解き方は?

わかるところからやる
→ 9 へ

順番にやる → 10 へ

8

ノートをとるとき、
自分だけのルールがある?

ある → 診断 Ｂ へ

とくにない → 診断 Ｃ へ

9

友だちの中で自分が
いちばん!　というもの
ある?

ある → 診断 Ｃ へ

ない → 診断 Ｄ へ

10

絵を描くのは好き?

好き → 9 へ

きらい → 診断 Ｄ へ

テスト結果は次のページ → 29

診断10

あなたのチャームポイント！

A 笑顔

あなたは、すてきな笑顔でみんなをトリコにしちゃうタイプね。あなたがいつも笑顔でいたら、きっとまわりも明るくなるはずだよ。落ちこんでいる子がいたら、あなたの笑顔で元気づけてあげて！

B 知性

あなたは、みんなから頭がいいって思われていて、グループでいると頼られることが多いんじゃない？　困っている子がいたら、相談にのってあげたりアドバイスしてあげたりしてね。

C お笑いセンス

あなたは、おもしろいことを言ったりして、まわりのみんなを楽しませているときがいちばん輝いているみたい。思いついたギャグはどんどん試してみて！クラスではやるかも!?

D 独創性

独創的なあなたは、ほかの人とちょっと考えかたがちがうところが魅力的ね。みんな、自分では思いつかないようなあなたの言動を楽しみにしているみたいだよ。

究極の選択 テスト11

自分とカレどっちを優先する?

気になるカレから、あなたの持ちものを
かしてほしいとお願いされたよ。でも、あなたも
これから使うもので……。あなたならどうする?

A よろこんでかしてあげる!

B 事情を話して断る

パート1 ホントの自分★発見テスト

Yes?

テスト結果は次のページ ➡ 31

診断 11

自分の見た目に自信あり？ なし？

A わたしはかわいい！

あなたは実は自分のことを「かわいい」って思っているタイプ。窓ガラスなど、自分の姿が映るところでは必ず身だしなみをチェックしているようね。「かわいくいたい」っていう思いも強いみたい。その自信のおかげでいろいろ積極的になれているみたい。

B ホントはかわいくなりたい

あなたは自分の容姿に自信がないタイプ。でも、本当はもっとかわいくなりたいって思っているはず。まずはひとつ、自信の持てる場所を見つけよう。胸をはっていつも笑っていれば、かわいいって言われるよ。

ケンカを止める？

学校のろうかで、小さい女の子がふたりケンカして
いるみたい！　早くとめなきゃと思うけど、どうする？

A ふたりの間にわって入る

B 先生をよびに行く

テスト結果は次のページ ➡ 33

診断 12

自分の将来に自信あり？ なし？

A わたしはきっとビッグになる！

あなたは自分の未来に自信を持っているタイプ。ほかの人よりすごいことができる気がしてるんじゃない？　あなたの場合はその気持ちがやる気につながっているみたいだから、将来は本当に大物になれるかも。

B ふつうがいちばん…

あなたは自分の将来にあまり自信を持っていないタイプ。何事もふつうがいちばんだと思ってない？　ふつうも幸せだけど、あなたがやる気を出せば、可能性はもっと広がるはず！

テスト 13 花瓶にぴったりの花を描こう

きれいな花瓶があるよ。この花瓶にぴったりの花を描き足してみて。

診断13

なりたい自分

たくさんの花と葉を
描いた人は…

人気者になりたい！

あなたは本当はもっと人気者になりたいと
思っているみたい。人に注目されたいとい
う願望があるから、自分より人気がある友
だちにライバル心を持っていたりして!?
いつも笑顔を心がけて、みんながイヤがる
ことでも自分から引き受ければ、自然と人
気者になれるよ。

花を1本だけ描いた人は…

天才になりたい！

本当はもっと頭がよくなりたいと思っているあなた。
勉強が苦手だからというより、人に負けるのが悔しい
みたい。そのプライドがあれば、将来、ノーベル賞
をとれるほどの学者になれるかも!?　本をたくさん
読んで自分が本当に興味を持てるものを見つけてね。

花より葉っぱを多く描いた人は…

なんでもできる人になりたい

あなたはなんでも器用にこなせる人にあこがれているみたい。あなたの中にはたくさんのやる気が眠っているのに、何事もじっくり取り組まないとできないタイプだから、すぐにできる人がうらやましいんだね。でも、やりたいことに集中したらトップになれるよ！

花だけを何本か描いた人は…

大人っぽくなりたい！

あなたは、本当はもっと大人っぽくなりたいと思っているんじゃない？　まだ大人っぽい服がにあわなかったり、子ども扱いされるのがいやなんだね。心が成長すれば外見も変わってくるもの。まずはいろいろ勉強して、内面から大人になれるようがんばろう。

ワクワクの修学旅行

今日は修学旅行。楽しいことが起こりそう！
質問に答えながら読んでいってね。
A～ C のなにを選んだか覚えていてね！

Q1

バスに乗って目的地へ！
スムーズに到着したけど、
ここはどこ？

 海　　 山

 いなかの街

Q2

そこで集合写真を
撮影したあと、ホテルまで
歩くことに。途中で
落とし物を見つけたけど、
それはなに？

 さいふ　　 ゲーム機

 教科書

 **Q3** やっとホテルに到着！
あなたの部屋は何人部屋？

 **A** 5人　　**B** 4人

 **C** 3人

 **Q4** 晩ごはんを食べたら自由時間になったよ。
なにをする？

 **A** 友だちと
トランプ

 **B** 明日の準備

C つかれたから
寝る

 **Q5** 2日目は朝からハードスケジュール！
おかげで帰りのバスはみんな眠っちゃって、
起きているのはあなただけみたい。
なにをしてひまをつぶす？

 A 窓の外をボーッとながめる

 B かくしていたおやつをこっそり食べる

 C 帰ったらなにをするか考える

テスト結果は次のページ➡ **39**

このテストでわかるのは…
あなたにぴったりのペット

診断 14

タイプ 1 犬

あなたにぴったりのペットは犬。今のあなたはとにかく活発に動きたい気分みたい。最近はもっと積極的になりたいって思っているんじゃないかしら。そんなときシッポをふって近づいてくれる犬がいれば、もっと元気になれちゃうよ。

タイプ 2 ねこ

あなたにぴったりのペットはねこ。今のあなたは遊び相手が欲しいって思っているみたい。ひとりで部屋にいるのが退屈なのかな？ 友だちのようにいっしょに遊べて、ときには妹や弟のように甘えてくる、そんなねこがいれば家にいるのが楽しくなるね。

診断のしかた

各質問で選んだ A ～ C の点数を足していって。
合計点数からあなたのタイプがわかるよ。

	A	B	C
Q1	3	0	1
Q2	3	1	0
Q3	0	1	3
Q4	0	1	3
Q5	1	3	0

12 ～ 15 点 →	タイプ 1
8 ～ 11 点 →	タイプ 2
4 ～ 7 点 →	タイプ 3
0 ～ 3 点 →	タイプ 4

タイプ 3　ウサギ

あなたにぴったりのペットはウサギ。今のあなたは、やさしくてかわいい女の子になりたいって思っているみたいね。そんなときはウサギを膝の上に乗せてみて。ほっこりした気持ちになって、みんなにやさしくできるよ。

タイプ 4　ハムスター

あなたにぴったりのペットはハムスター。今のあなたは、かわいい動物が身近にいてほしいけど、自分の時間はたいせつにしたいって思っているみたいね。ケージの中でちょこちょこ動くハムスターなら、見ているだけで最高にいやされるはずだよ。

テスト15　遊園地でロボットがお出迎え

遊園地に行ったら、ロボットが入口で案内をしてくれたよ。
でも、このロボット、ちょっと変？
左右の絵でちがうところを探してね。

このテストでわかるのは…
あなたの弱点

答え

絵の間違いは4つ。
頭、腕、足、口だよ。
あなたが最初に見つけた
間違いで診断してね。

最初に見つけたのは…頭

あなたの弱点は勉強に集中できないこと。最近、授業がわからなくなっているんじゃない？　自分でも内心、ちょっとあせっているみたいね。友だちに勉強を教えてもらうといいよ。

最初に見つけたのは…腕

あなたの弱点は手先が不器用なこと。細かい作業がうまくできなかったり絵が苦手だったりしない？　気にしないで、ほかの長所をのばすようにしたほうが魅力アップできるよ。

最初に見つけたのは…足

あなたの弱点は運動が苦手なこと。実は体育がゆううつだったりしない？　心の中であなたは、それがすごくかっこ悪いって思っているみたい。うまい人を見てマネしてみて。

最初に見つけたのは…口

あなたの弱点はおしゃべりが苦手なこと。みんなの前で話すとき、うまくしゃべれないのがくやしいって思ってない？　話す前に一度話の内容を整理すると落ちついて話すことができるよ。

ずっとほしかった ものを発見！

広いデパートでお買い物。ずっと探していたものを
あるお店で発見したよ。それはどんなお店？
また、1〜10軒のうち、何軒目のお店で見つけた？

診断16 あなたのカリスマ度＆魅力が輝くとき

訪れたお店の数でわかるのは…

カリスマ度

お店の数×10の数字があなたのカリスマ度（3軒目なら3×10＝30％だよ）。カリスマ度50％〜70％の人は、目立つタイプ。学級委員や生徒会長向きだね。カリスマ度80％以上の人は将来、国民的アイドルになれるほどのカリスマ性あり。カリスマ度40％以下の人は、得意分野を見つけてがんばろう！

探していたものを見つけたお店でわかるのは…

あなたの魅力が輝くとき

洋服や帽子などのファッション関係のお店と思った人は、パーティーや発表会などはなやかなときに輝くよ。本屋さんやCD屋さんと思った人は、修学旅行など学校の行事のとき。雑貨屋さんやおもちゃ屋さんと思った人は、運動会や体育の時間など、体を動かすときに輝くよ！

テスト17 大好きなワンちゃん

次のマンガに登場する
犬の犬種はなんだと思う？

いつもいっしょに
いるわたしの
ワンちゃん

ヤンチャで…

甘えんぼうで…

ペロペロ

大のなかよし！

だいすき

 **あ** 柴犬

 **い** チワワ

 **う** ダックスフンド

 **え** ブルドッグ

テスト結果は次のページ➡ 47

診断17

今、あなたが悩んでいること

あ を選んだ人は…

友だちとのつきあい方に悩んでいる

あなたの悩みは人間関係。つい友だちにえらそうな態度をとって、あとで後悔していない？　それはあなたが友だちより少し器用で、なんでも先にできちゃうからなのかも。友だちは気にしてないみたいだけど、気をつけようね。

い を選んだ人は…

勉強しなきゃ…と悩んでいる

好きなことに熱中しすぎて勉強に身が入っていないあなた。心の中ではいつも「勉強もちゃんとやらなきゃ」とあせっているみたい。もともと集中力があるから、勉強する時間をきちんと決めれば、趣味も勉強も人並み以上にできるようになるよ。

う を選んだ人は…

恋愛について悩んでいる

あなたが今、悩んでいるのは好きな子のこと。気になる男の子がいるけど、実は友だちも同じ男の子を好きだったりするんじゃない？　でも、友だちはあなたほど好きじゃないみたい。あまり気にしないで男の子に積極的に話しかけてみたら？

え を選んだ人は…

将来について悩んでいる

ちょっとぼんやりしているあなた。友だちはみんな現実的な将来の夢を持っているのに、あなたはいつまでも夢見がちなところがあって「これでいいのかな」って心配なんじゃない？　今すぐ決めなくてもいいけど、どうしても気になるなら、年上の人に相談してみよう！

物語の主人公に
なったつもりで
テストをしてみない?
あなたの心の中にいる
アクマな部分を
のぞけちゃうかも……

オーディションに合
格し、4人のアイド
ルグループの一員に
なったあなた。つい
にデビューが決まっ
たよ!

あ 帽子にリボン
のない衣装

テスト 18
デビュー衣装はどれがいい？

デビュー衣装はリボンがモチーフで超かわいい♡
すこしずつデザインがちがうけど、あなたはどれを選ぶ？

い　胸にリボンのない衣装

う　うでにリボンのない衣装

え　くつにリボンのない衣装

テスト結果は次のページ ➡ 51

あなたのかくされた コンプレックス

あ 飽きっぽい

なにをはじめてもすぐに飽きて長続きしない…。「三日坊主」とはまさにあなたのことね。まあ、いろいろ挑戦しようとするやる気は認めてあげるから、毎日かんたんにできることからはじめてみたら？

い 感情のコントロールができない

おこったと思ったら泣き出したり…。忙しいこと。あなたは感情をなかなかコントロールできないみたいね。素直なのはいいけど、まわりの人を困らせちゃうわよ。泣きそうになったら深呼吸でもして落ちつくことね。

う 体型がコンプレックス

あなたはズバリ！　自分の体型がきらいなんでしょ。だれにだっていい部分もあれば、気に入らない部分もあるものよ。あなたのいいところをどんどんのばしていったらいいんじゃない？

え 運動が苦手

まぁ！　かわいそう。あなた、運動が苦手なの？　もしくは得意すぎて、みんなの期待がプレッシャーになっているんじゃない？　結果より、全力でがんばる姿をまわりは見ているものよ。

ライブ会場にはどうやって行く？

テスト **19**

初ライブの会場はなんと海の向こうに見える島。
そこに行く方法はひとつだけ。それはなに？

あ 沈（しず）みそうな船

い ボロボロの飛行機（ひこうき）

う 傾（かたむ）いた釣り橋

え おわりが見えない
海底トンネル

テスト結果（けっか）は次（つぎ）のページ ➡ **53**

このテストでわかるのは…

診断 19

あなたの空気が読めない度

 けっこう空気が読める

あなたって、その場の空気に合わせて行動できるタイプみたいね。でも、みんなの気持ちをあれこれ考えて気を配るなんて器用なマネしてたら、疲れない？　たまには自由に行動するのもいいかもよ〜。

 むしろ空気に流されちゃう

あなたは空気を読むっていうより、空気に流されるタイプね。いけないことだと思っていても、まわりがやっていると注意できずに流されること、よくあるでしょ。たまには勇気を出して主張することも大事なんじゃない？

 **あまり空気が読めない**

あなたはちょっと空気が読めない人ね。気づくのが遅いタイプかしら。自分はノリノリでも、気づいたらみんなは盛り下がっていた……なんてこと、よくあるんじゃない？　もっとまわりを見たほうがよさそうね。

 ぜんぜん空気が読めない……

あなた、ある意味すごいわ！　超空気が読めないタイプね。もはや、空気を読めていないことにさえ気づいていないかも…？　空気は読めなくてもやさしさはじゅうぶんにあるみたいだから、とことんマイペースでいったらいいわ。

テスト **20** 大変！ライブが大混乱！？

やっとライブがスタート！ でも、歌をうたいはじめたら
思いもよらないハプニングが！ いったいなにが起こった？

あ 犯人を追って警察が乱入！ 　**い** ステージが真っ暗に！

う ファンどうしが大ゲンカ！

え 機械の故障で音が聞こえず
お客さんがブーイング

テスト結果は次のページ➡

このテストでわかるのは…
あなたのワガママ度

あ ワガママ度 100%

あなた、なんでも自分の好きなようにしなきゃ気がすまないタイプでしょ。ワガママばかり言って友だちを困らせたりもしているんじゃない？　かわいく甘えられるキャラみたいだけど、ほどほどにしたほうがいいかもね。

 ### **い** ワガママ度 60%

あなたのワガママ度は高いほうだけど、一応、自分でもわかっているみたい。気をつけなきゃと思いつつも、ワガママを言うのをおさえられないのね。みんなのやさしさに甘えていると、あとで痛い目にあうわよ〜。

う ワガママ度 30%

あなたは家族や、なかのいい友だちにだけワガママを言っちゃうタイプ。ふだんはいい子になろうってがまんしているぶん、気をゆるせる人にだけワガママになるってわけね。それくらいならいいんじゃない？

え ワガママ度 10%

あなたはみんなから、あまりワガママを言わないって思われているみたいね。それどころか、逆にみんなのワガママをきいてあげたりしてるんじゃない!?たまにはワガママ言ってあげたほうが、まわりもよろこぶかもよ！

テスト21 最後にサプライズ！

トラブルをなんとか乗り切って、ライブもいよいよクライマックス！
最後にサプライズニュースがあったよ。それはなに？

- **あ** CDデビューの決定
- **い** 全国ライブツアーの決定
- **う** テレビ番組の出演決定
- **え** 人気アーティストが次の曲を作ることに決定

テスト結果は次のページ ➡

このテストでわかるのは…

あなたの アクマスイッチは？

ふんいきが盛り上がるとスイッチオン！

あなたのアクマスイッチが入るのは、その場が盛り上がってきたときね。ノリがいいあなたは、悪気はないけど調子に乗ってイジワルなことを言っちゃったりするんじゃない？悪ノリしすぎると、相手をおこらせるぞ〜。

い 目立つ人にスイッチオン！

あなたのアクマスイッチが入るのは、目立っている人がいたとき。ついイジワルな態度をとっちゃうでしょ。それはあなたにも本当は目立ちたい願望があるから。実は向上心が強いみたいね。

退屈なときにスイッチオン！

あなたのアクマスイッチが入るのは、退屈なとき。ヒマすぎるとイジワル心がうずうずして、友だちにちょっかいを出しちゃうのよね。でもかわいいイタズラだから、友だちから好かれているみたい。

え ライバルにスイッチオン！

あなたのアクマスイッチが入るのは、自分のライバルに対して。自分より勉強やスポーツができる人を見ると、負けたくなくて、イジワルしたくなっちゃうのね。まずは自分がだれにも負けないくらい努力することがたいせつよ。

キラキラ おまじない

ききめバツグンのおまじないで、あなたの眠っている力を
よびさますよ。欠点を克服してすてきな自分に変身しちゃお！

自分を好きになる

 おまじない

ピンクのバラを部屋の西側に
置き、その反対側（東側）に
かがみを置く。バラとかがみ
の真ん中で「自分が好き」と
毎日3回となえて。

イライラしない

おまじない

イライラしちゃうときは、お
茶をぬるくなるまで冷まし、
目を閉じてそれをゆっくり一
度に飲みほしてみて。そうす
ると心が落ちつくよ。

みんなに
やさしくなれる
おまじない

毎朝起きたら「ルナの慈しみ」と心の中でとなえながら、プラスチックのコップで水を2回にわけて飲んで。みんなにやさしくなれるよ。

ルナの慈しみ

落ちこんだときの
おまじない

心臓の位置に左手を置いて、5秒間目をつぶって「わたしは大丈夫。まどわすものよ。され」ととなえると、落ちこんでもすぐ立ち直れるよ。

決断力アップの
おまじない

メモ用紙やノートを1枚、力まかせにやぶって、赤いボールペンで☆を書いてぬりつぶしてね。小さく折ってポケットに入れておくと、決断力がアップするよ。

セキララ ☆ 友情診断

友情を深めるコツが
盛りだくさん！
友だちともっとなかよく
なって、人気者に
なっちゃお☆

え!?　なに!?
もしかしてわたし――

避けられてる――!?

も・し・か・し・て

きらわれて
いるのかもね～

きらわれてる…?

フフフ…

わたし…　ふたりに
どう思われているんだろう…

放課後（ほうかご）

ね…
ねぇねぇ！

よし！
こういうときは
心理テストで…

この間みんなで
写真撮ったでしょ?

友だちとの写真撮影

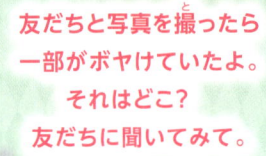

友だちと写真を撮ったら
一部がボヤケていたよ。
それはどこ?
友だちに聞いてみて。

- **あ** どちらかの手
- **い** 友だちの体
- **う** 自分の体
- **え** 背景

もしも1か所だけ
ボヤケてたとしたら
どこだと思う?

う〜ん…

こころが
ボヤケていた?

そうだなぁ…
背景?

マイカは **い** で
サヤは **え** ね!

ありがとう!
じゃあまた明日ね!

え?

タッ

い？

えーと…
「わたし」と「背景（はいけい）」
だったよね…

このテストでわかるのは…
あなたが友だちにどう思われているか

あ を選んだ（えらんだ）子は…
姉妹のような友だち

友だちはあなたのことを、いつも助け合える姉妹のような友だちだと思っているよ。でも、似（に）ているところが多いぶん、ぶつかることも。そんなときは自分がしてほしいって思うことを相手にしてあげるといいよ。

い を選んだ（えらんだ）子は…
頼れる（たよれる）友だち

友だちはあなたのことを、頼れる（たよ）友だちって思っているよ。めんどうみがよくて、いつもひっぱっていってくれるあなたに、ちょっとあこがれているみたい。あなたも頼りにされるとうれしいよね☆

う を選んだ（えらんだ）子は…
ノリの合う友だち

友だちはあなたのことを、ノリが合う友だちだと思っているよ。いっしょにいるとすごく楽しいけど、まだ真剣（しんけん）な話をするタイミングがつかめないみたい。あなたからヒミツを打ち明ければ、もっとなかよしになれるかも。

え を選んだ（えらんだ）子は…
心をゆるせる友だち

友だちはあなたを、おたがい親友だと認め（みと）合っているなかだと思っているよ。しかも友だちは、今よりももっとなかよくなろうと努力（どりょく）しているみたい。うらやましい！いつまでもなかよくね☆

マイカは「頼れる（たよ）友だち」でサヤは「心をゆるせる友だち」って思われてるか～

でも、じゃあなんで？

どのいすを選ぶ？

かたちのちがういすが 3 つあるよ。
どれかひとつを選ぶとしたら、どれにする？

あ ふつうのパイプいす

い 木の丸 いす

う ひじかけつきの
よごれているいす

テスト結果は次のページ ➡

診断 23

友だちグループでのあなたのポジション

あ ムードメーカー

あなたの発言や行動でその場が明るくなる、盛り上げ上手なムードメーカー。あなたが楽しそうにしていると、まわりのみんなも明るくなるみたいね。まわりになじめない子や、落ちこんでいる子がいたら、あなたの明るさで助けてあげて。

い かげのリーダー

ふだんはあまり目立たないけど、大事なところできちんと発言できるあなたは、実はグループのかげのリーダー。みんなをまとめることができて、頼られる存在なのね。いざというときのあなたの意見に、みんな期待しているよ。

う しきりやさん

みんなの意見がバラバラになっていたら、ついついまとめたくなるしきりやさんのあなた。中途半端なことや、あいまいなこともはっきりとさせたいのね。みんなの意見を平等に聞いて、上手にグループをまとめちゃって。

お昼休みは どこで遊ぶ？

テスト 24

お昼休みに、みんなで遊ぶことにしたよ。
どこで遊ぶ？　絵を見て選んでね。

あ　校舎（こうしゃ）

う　花壇（かだん）

い　校庭（こうてい）

え　プール

テスト結果（けっか）は次（つぎ）のページ ➡ 69

このテストでわかるのは…

診断 24 もっと人気者になる方法

 あ　知識をふやす

あなたは本をたくさん読んだり勉強をしたりして、物知りになるともっと人気者になれるよ。物知りなことがみんなに伝わって、話したこともないクラスの子から質問されることも！　みんなから頼りにされちゃうよ♪

 い　得意なものを見つける

あなたはなにかひとつのことに熱中すると、もっと人気者になれるよ。勉強でもスポーツでも、「これならだれにも負けない！」って自信が持てるくらい夢中になれるものを見つけて、思いっきりハマってみて！

 う　やさしくする

あなたはもっとみんなにやさしくすると、人気者になれるよ。だれにでも変わらずやさしくしているあなたを見て、みんなも同じようにやさしい気持ちになれるみたい。いつのまにか、たくさんの友だちに囲まれていそうね。

え　大人っぽくなる

あなたはもっと大人っぽくなると人気者になれるよ。クールでカッコイイとうわさが広まって、男女かかわらずモテモテになりそう。あなたの発言やふんいきをマネしたいと思う、みんなの熱い視線を感じちゃうかも☆

窓ぎわのテーブル どこに座る？

テスト 25

窓ぎわのテーブルでお茶を飲むことにしたよ。
いすは4つあるけど、あなたならどこに座る？

このテストでわかるのは…

あなたにぴったりの親友

 頭のいい子

あなたには、困ったときに頼りになる頭のいい子がぴったり。頭の回転がはやい子なら、ピンチのときにもあなたをうまくフォローしてくれるはず。なやみごとがあっても、相談すればすぐに解決してくれそうだよ。

 活発な子

なかなか行動にうつせないでいるあなたを、元気にぐいぐいひっぱっていってくれる子がベスト。なんでも積極的に行動する友だちに影響されて、あなたも新しい趣味が見つかるかもね！

 **ノリのいい子**

あなたの小さななやみごとも、根っからの明るさでふきとばしてくれるような子がぴったり。おしゃべりも盛り上がるし、いっしょにいるだけでも楽しいよね。なんでも気軽に話せる関係になれるよ。

 落ちついた子

あなたの話をちゃんと聞いて冷静なアドバイスをしてくれる子が、あなたにとってたいせつな友だちになりそうね。なやみを相談するばかりじゃなく、あなたも話を聞いてあげるともっとなかが深まるよ。

テスト26 なにを飲む？

台所で3つの飲み物を見つけたよ。なにを選ぶ？

あ　牛乳

い　スープ

う　氷水

パート2 セキララ★友情診断

診断 26

あなたにぴったりの 友だちの作り方

 席が近い子に話しかける

毎日顔を合わせる、学校や塾で席が近い子に声をかけてみて。共通の話題も多いし、すぐになかよくなれるみたい。あなたのことをとても理解してくれる友だちになりそう。

い スポーツや習いごとをする

スポーツや習いごとがいっしょだと、同じ目標に向かってがんばるなかまだから、助け合うことができるよね。学校の友だちよりも、自然となかよくなれるみたい。

 友だちの友だちと なかよしに

あなたは友だちの友だちといっしょになって遊んでいるうちに、その友だちとなかよくなれるよ。みんなでいっしょに盛り上がっているうちに、気づいたらいちばんのなかよしになっているかも。

バスに乗っていたのはどんな人？

乗ったことがないバスに乗ってみたあなた。
ほかの乗客はどんな人が多かった？

- あ　学生
- い　おじいさんやおばあさん
- う　子どもとお母さん
- え　サラリーマン

テスト結果は次のページ ➡

診断 27 あなたにぴったりの 友だちグループ

あ 熱血グループ

あなたに合っているのは、なにをするときもいっしょにがんばれる熱いグループ。きっと根がまっすぐで、目標に向かって努力するのが好きなんだね。なかまがいることでもっと能力をのばすことができるよ。スポーツチームに入るとそんなグループに出会えるかも。

い おだやかグループ

あなたの理想のグループは、ゆったりしたふんいきのグループ。みんなでワイワイ盛り上がるよりも、少人数でのんびりおしゃべりしているときのほうが楽しいって思っているはず。自分とにている部分がある人と友だちになるといいよ。

う 助け合えるグループ

困っている人がいたらみんなで助け合える、そんなグループがあなたにぴったり。自分に足りないところは友だちがサポートしてくれて、あなたも得意分野で友だちを助けてあげられるはず。趣味がちがう子とも、積極的に話してみると、そんなグループに出会えるかも。

え ベタベタしないグループ

あなたが居心地がいいと思えるのは、ベタベタしない、さっぱりとしたつきあいのグループ。あなた自身も個人行動が好きで、やることは自分でちゃんとやりたいって思っているみたいだからぴったりね。たまに相談し合いながら、自分のペースで動けるのがベストのようね。

テスト 28

どの制服を着てみたい?

お仕事体験(たいけん)をすることになったよ。
あなたが着(き)たい制服(せいふく)はどれ?

あ 警察官(けいさつかん)

い キャビンアテンダント

う 看護師(かんごし)

え ウエイトレス

テスト結果(けっか)は次(つぎ)のページ ➡

このテストでわかるのは…

もっと友情を深める方法

あ いっしょにがんばる！

あなたが友情を深める方法は、いっしょになにかの役割をこなすこと。同じクラス委員になったりボランティアに参加したりしてみて。あなたが持っているしっかりしたところを友だちに見せることができて、友だちに頼られるようになるよ。

い いっしょにドキドキ

あなたが友情を深める方法は、いっしょに遊園地に遊びに行くこと。もともとはずかしがりやだから、ドキドキしたり驚いたりする場所じゃないと、本当の自分が出せないみたい。ドキドキ体験で本当の自分を見せれば、今まで以上になかよくなれるよ。

う いっしょにピンチ脱出！

あなたが友情を深める方法は、困っているときに助けてあげること。友だちがピンチのときに、積極的に力をかしてあげて。もともとやさしい心の持ち主だから、友だちの役に立ちたいっていう思いが伝わるよ。次は友だちがあなたを助けてくれるかも。

え いっしょにおしゃべり

あなたが友情を深める方法は、長い時間おしゃべりすること。つい人に合わせてしまうことが多いあなたは、好きなことや将来の夢など、自分の意見をきちんと伝えるようにするといいよ。ほかの人には話したことがない話を、こっそり打ち明けてみるのもおすすめ。

テスト**29**

あなたにぴったりの
ヘアスタイルは？

髪を切りに行ったあなた。美容師さんに
「こんな髪型がにあうよ」って言われたけど
それは次のうちどれ？

あ ショート

い ボブ

う セミロング

え ロング

テスト結果は次のページ ➡ **79**

診断29 あなたの世界を広げてくれる友だち

 あ　勉強が得意な子

テストでいつも100点をとっちゃうような、勉強ができる子となかよくなってみよう。その子が読んでいる本や好きなテレビ番組がキッカケで、あなたの考え方がガラリと変わってしまうかも。話したら意外と気が合うから、気軽におしゃべりしてみて。

 い　物知りな子

ふだん、あまり思いきった行動をしないあなたは、物知りな子から知らない知識を教えてもらうだけでも新しい発見があるはず。さらに、どうしていろいろなことを知っているのか質問すると、すごく参考になるよ。年上の友だちもいいかもね。

 う　友だちが多い子

人見知りしがちなあなたは、友だちが多い子といっしょにいるとすごく成長できそう。友だちが増えるし、あなた自身も人とつきあうのが上手になれるよ。その子の近くにいるだけでもいろいろ勉強になるから、はずかしがらずに近くにいてね。

 え　熱中しているものがある子

ちょっと子どもっぽいところがあるあなたは、スポーツや趣味など、なにか真剣にがんばっているものがある子から刺激を受けそう。がまん強さや、落ちこんでも自分で立ち上がれるような大人な考え方を、その子から教えてもらえそうだね。

テスト30 遠くから向かってくる動物は？

遠くのほうから、こっちに向かってくる
動物がいるよ。それはなに？

あ 犬

い とら

う 羊

え ロバ

テスト結果は次のページ ➡

診断30

最大のピンチに あなたを助けてくれる人

あ 友だち

いつもいっしょにいる友だちなら、あなたのことをよく理解してくれているはず。いいアドバイスをしてくれるし、親身になって相談にのってくれるよ！　友だちがピンチのときはあなたも助けてあげなきゃね。

い 苦手な先生

おこってばかりでこわいイメージのある先生って、あなたのことをいつも気にかけてくれているからみたいよ。なやみごとがあったら思いきって相談してみたら？　きっと今まで思いつかなかったアドバイスをくれるよ。

う 親しくない同級生

あまり親しくない同級生だけど、実はあなたと「なかよくなりたい」って思っているかも。えんりょしないで力をかしてもらおう。素直（すなお）に相談すると、それがきっかけでなかよくなって、大人になってもつきあえる大親友になれるよ！

え 家族

いつも口うるさくおこってばっかりでも、ピンチのときには家族が必（かなら）ず助けてくれるよ。あなたをおこったり注意したりするのは、ピンチにならないように心配しているからこそ。きちんということをきかないとね。

テスト 31 好きな色はどっち?

色について質問をするよ。
好きな色を選んで、番号をたどってね。

スタート

空の色、どっちが
きれい?

青色 ➡ 1へ
赤色 ➡ 2へ

1

どっちのソファーが
落ちつく?

緑色 ➡ 3へ
黄色 ➡ 6へ

2

入浴剤を入れたよ。
お湯はなに色?

バラ色 ➡ 6へ
桜色 ➡ 8へ

3

お気に入りの
かさはなに色?

水色 ➡ 7へ
深緑 ➡ 4へ

4

友だちがきれいな
ブレスレットを
つけていたよ。なに色?

金色 ➡ 診断 Ⓑ へ

銀色 ➡ 診断 Ⓒ へ

5

なに色のノートが
好き?

ピンク ➡ 診断 Ⓒ へ

ブルー ➡ 診断 Ⓓ へ

6

おしゃれなTシャツを
買ったよ。どんな色?

オレンジ ➡ 4 へ

ブラウン ➡ 5 へ

7

学校の前に、見たこと
のない自動車が止まって
いるよ。どんな色?

❶ 黄色 ➡ 診断 Ⓐ へ

❷ 銀色 ➡ 診断 Ⓑ へ

8

動物園でシマウマを見学。
どっちの色が多かった?

白色 ➡ 5 へ

黒色 ➡ 9 へ

9

どっちの色のバッグ
がほしい?

白色 ➡ 5 へ

むらさき色
➡ 診断 Ⓓ へ

テスト結果は次のページ ➡

このテストでわかるのは…

ケンカしたときのなかなおりの方法

A
すぐにあやまる

あなたはまちがっていたら、自分から素直にあやまるのがいちばん☆　そうすればあなたの素直さが伝わって、友だちともすぐになかなおりできるよ。ケンカをしたことで前よりももっとなかよしになれちゃうかも。

B
友だちに相談する

あなたはケンカをしたらほかの友だちに間に入ってもらうのがいちばん☆　公平な立場から正しいアドバイスをしてもらえるし、熱くなっちゃったあなたも友だちも冷静になれて、きっとなかなおりできるよ。

C
時間をおく

あなたはふたりの気持ちが落ちつくまで、ちょっと待ってみて☆　ケンカをしたときはカッとなっているけど、時間がたてば、ケンカの原因も小さなことだって気づくこともあるはず。気持ちが落ちついてから話せば、きっとなかなおりできるよ。

D
相手があやまるのを待つ

素直になれず、自分からあやまれないあなたは、友だちがあやまってくるのを待っているタイプ☆　でも自分がわるいと思っているなら、あなたからあやまらないとね。たいせつな友だちをなくしちゃうよ！

避難訓練中に迷子を見つけたら…?

たくさんの人が参加している避難訓練。
その中で小さい子がひとりキョロキョロ
しているのを発見。あなたならどうする?

A すぐに声をかけにいく

B 先生に相談する

テスト結果は次のページ ➡

診断 32

友だちづきあいは 1対1派？グループ派？

A 1対1派

あなたは本当になかがいい子と、ふたりで遊ぶのがいちばん楽しいみたいね。きっともともとサービス精神があるから、友だちがたくさんいるとがんばりすぎてつかれちゃうのかな。気をつかわず、おたがいのことをなんでも話しあえる親友を見つけてね。

B グループ派

あなたはたくさんの友だちといっしょにいるのが楽しいみたい。きっともともとノリがよくて、にぎやかな場所が好きなんだよね。積極的に盛り上げ役になれば、もっとたくさんの友だちとなかよくなれるよ！

究極の選択 テスト 33 ノートを使いきっちゃった！

授業中に、ノートを使いきっちゃった！
次のノートは持ってきてないし、どうする？

A ノートの余白に小さい字で書く

B 別の科目のノートに書く

テスト結果は次のページ ➡ 89

診断33

あなたの友情は一生続く派？今だけ派？

Ａ 一生続く派

あなたは、一度なかよくなった子とはずっと友だちでいたいって思っているみたい。クラスや学校が変われば、もちろん会う時間も少なくなったりするけど、それでも定期的に連絡をとりあって、友情は続いていくよ。

Ｂ 今だけ派

あなたは、今すごくなかがいい友だちでも、クラスが変わるとあまり遊ばなくなっちゃうみたい。でもそれは冷たいからじゃなくて、そのときなかがいい友だちをたいせつにしたいと思っているからみたいね。

テスト34 サルは なんて言った?

動物園に行ったら、サルがしゃべったよ!
さて、サルはなんて言ったかな?
ふきだしに書いてみてね。

テスト結果は次のページ ➡

診断 34 友だちを選ぶときの優先ポイント

サルがしゃべったのは
あいさつ・ていねいな言葉

例 ★やぁ！ ★ハロー！
★はじめまして ★よろしく！

ポイントは
すぐれた才能！

スポーツが得意だったり、絵がうまかったり、笑いのセンスがあるなどの才能が、友だちを選ぶときのポイントみたい。そんな才能ある友だちにあこがれてて、自分もその才能を吸収したいと思っているのね。

サルがしゃべったのは
おこっているような言葉

例 ★なに見てるの！ ★あっちいって！
★なんだよ！ ★じゃまだよ！

ポイントは
いっしょにいて楽しい

友だちと趣味が同じで盛り上がれたり、おしゃべりをして楽しくすごせるかどうかが、友だちを選ぶときのポイントみたいね。せっかくいっしょにいるときは楽しくしたいし、たいせつなことだよね。

サルがしゃべったのは
悲しんでいるような言葉

例
★助けて～
★森に帰りたいな
★おりたいよ～
★あーつかれた

ポイントは
自分とは正反対！

あなたは、自分にないものを持っている人に魅力を感じるのね。タイプのちがう人といっしょだと、新しい世界も広がるし、苦手なことも助け合えるもの。いい関係になれそうね☆

サルがしゃべったのは
かわいらしい言葉

例
★いっしょに遊んで！
★おやつちょーだい！
★ウッキー
★なぁに？

ポイントは
自分とにていること

笑いのツボとか、好きなファッションとか、自分とセンスがにているかが、友だちを選ぶときのポイントなのね。センスがいっしょだとあっというまになかよくなれるし、きっと親友になれちゃうね。

ひとりで居残り

学校にひとりで残ることになったよ。
すごく心細いけど、これからどうなるんだろう？
質問に答えながら読んでいってね。
 ～ のなにを選んだか覚えていてね！

 とりあえずどこに
いることにする？

 体育館

 教室

 理科室

 給食室に行ったら
なんと給食を発見！
メニューはなに？

 パンと牛乳

 ごはんとたまごやき

 ラーメンとつけもの

**Q3**

ねむいから保健室(ほけんしつ)でねようと思った
あなた。でも、ベッドが使えなくて
ガッカリ……。ベッドはどうなっていた？

A よごれていた　**B** ふとんがなかった

C ベッドがこわれていた

**Q4**

深夜、とつぜんスピーカーから
音楽が流れてきた！
どんな音楽だった？

A 校歌　**B** 演歌　**C** 合唱曲(がっしょうきょく)

**Q5**

早起きして
学校に来る人たちを
むかえることにしたよ。
いちばんに来たのはだれ？

A 先生

B 知らない子

C 友だち

テスト結果(けっか)は次(つぎ)のページ ➡

診断35

あなたにとって友だちは……

タイプ1

心のささえ

友だちが心のささえになっているあなたは、落ちこんでいるときや困ったときも、友だちがそばにいてくれたら、がんばれちゃうタイプ。友情はたいせつにしなくちゃね。

タイプ2

競争相手

友だちとはなかよしだけど、スポーツも勉強もつい意識しちゃう、よきライバルと思っているあなた。競い合っておたがいが成長できる、男の子っぽい友情かもね。

診断のしかた

各質問で選んだ A ～ C の答えの点数を足していって。合計点数からあなたのタイプがわかるよ。

	A	B	C
Q1	1	5	3
Q2	5	3	1
Q3	1	3	5
Q4	1	5	5
Q5	3	1	5

21 ～ 25 点 ➡ タイプ**1**

15 ～ 20 点 ➡ タイプ**2**

10 ～ 14 点 ➡ タイプ**3**

5 ～ 9 点 ➡ タイプ**4**

タイプ**3**

妹

あなたは、友だちのことを守ってあげたくなる妹のように思っているのね。それを知ってか、みんなもあなたに甘えたくなるみたい。頼りがいのあるお姉さんタイプなのね。

タイプ**4**

つきあい

あなたは、実は友だちとすごすより、自分だけの時間のほうがたいせつだと思っているみたい。しっかり者で、なんでもひとりでできちゃうからかな？

みんなで演奏会！

音楽好きの友だちが集まって、演奏会。
左の1曲目と右の2曲目で、なにかが変わっているよ。
左右の絵でちがうところを4つ、探してね。

このテストでわかるのは…

診断 36

友だちへの独占欲

答え

絵の間違いは4つ。
楽器のかたち、演奏者の服、
表情、会場の背景だよ。
あなたが最後に見つけた
間違いで診断してね。

最後に見つけたのは…楽器のかたち

あなたの友だちへの独占欲はかなり強め。なかがいい友だちがほかの子とおしゃべりしているだけで、イヤな気持ちになったりしない？あなたもほかの友だちと楽しくおしゃべりしちゃおう！

最後に見つけたのは…演奏者の服

あなたの友だちへの独占欲はやや弱め。友だちといっしょにいたいとは思っているけど、その気持ちを押しつけることは決してしないタイプ。友だちの気持ちもきちんと考えられる、やさしい子だね。

最後に見つけたのは…表情

あなたの友だちへの独占欲はやや強め。とくにたいせつだと思っている友だちに対しては、ワガママになるみたい。その友だちなら許してくれるって思っているから本心が出ちゃうのかもね。

最後に見つけたのは…会場の背景

あなたの友だちへの独占欲は弱め。なかのいい友だちがだれとしゃべっていても気にならないでしょ？心が大人なのね。でもあまりそっけないと友だちがさびしく思うかも。もっと友だちを大事にして。

テスト 37 電車に急いで入ってきた人は…

電車のドアがしまる直前に、荷物を抱えた
女の人が走って入ってきたよ。
その女の人はどんな人？ 荷物は何個だった？

テスト結果は次のページ ➡

このテストでわかるのは…

診断 37

苦手な友だちと本当の友だち

走ってきた女の人でわかるのは…

苦手なタイプの友だち

服装や髪型が派手な人をイメージした人は、自己主張が強い人が苦手みたい。髪型や持ち物がボロボロな人をイメージした人は、怖そうなふんいきの人が苦手なようね。ふつうっぽい人をイメージした人は、なにを考えているかわからない人が苦手ってこと。

荷物の数でわかるのは…

本当の友だちの数

あなたが想像した荷物の数は、今、あなたが信頼できると思っている本当の友だちの数を表しているよ。大きな荷物を1個持っていたと思った人は、本当の友だちはひとりだけだと思っているみたい。たくさんの荷物を想像した人は、友だちが多いタイプだね。

友だちとハイキング

友だちとハイキングに出かけたよ。
次の4コママンガの3コマ目を考えてみて。

- **あ** 新品の自転車
- **い** 算数の教科書
- **う** キャラクターのぬいぐるみ
- **え** お店の看板

テスト結果は次のページ ➡

このテストでわかるのは…

あなたのおせっかい度

あ を選んだ人は…

おせっかい度 90%

あなたのおせっかい度はかなり高め。困っていそうな人を見つけたら、じっとしていられなくてすぐ助けようとするでしょ。そんなあなたはまわりから頼られることが多いけど、つい手を出しすぎてしまうから、ほどほどにしたほうがいいかも。

い を選んだ人は…

おせっかい度 60%

あなたのおせっかい度はまあまあ高いほう。友だちがなやんでいたら、迷わず話しかけて相談にのってない？心がやさしいから、相手のなやみを真剣に考えてあげられるんだね。友だちからも信用されてるよ。

 う を選んだ人は…

おせっかい度30%

あなたのおせっかい度はやや低め。明らかに困っている友だちがいたら力をかしてあげるけど、必要以上に自分からはふみ込まないようにしているみたい。きっと、人の気持ちにびんかんで、相手がどこまで助けてほしいと思っているかを感じ取ることができるんだね。

 え を選んだ人は…

おせっかい度0%

あなたのおせっかい度はかなり低め。ちょっとのんびりしているあなたは、助けてほしそうな人が近くにいても気づかないことが多いみたい。まわりの人からは「ちょっと冷たい」なんて誤解されてしまうこともあるんじゃないかな。気づいたら助けてあげてね。

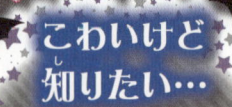

ブラック ストーリー 診断

友だちってすてきよね。
…でも、その友情は
本物かしら？
あなたの気持ちと
友だちの気持ちが
実はちがっていたりして!?

学校からの帰り道にある、お城のような洋館。そこには魔法使いが住んでいるってうわさが。友だちといっしょに探検しにきたよ！

うわさの洋館に潜入！

部屋に入ったらさっそくあやしい箱を見つけたよ。
中にはなにが入っていた？

- **あ** お札
- **い** 洋館の地図
- **う** 魔術の本
- **え** ナゾのカギ

あなたの 友だちに対する気持ち

 大好き！

あなたはその友だちといっしょにいるとすごく楽しいみたい。楽しいだけじゃなくて相談もできたり、たいせつな存在なのね。これからもいっしょに遊んだり、親切にしたりして、なかを深められるといいわね。

 いい友だち

あなたはその友だちのことを、「超なかよし」まではいかないけど、「いい友だち」って思っているみたいね。 これからもっとたくさん思い出をつくって、「超なかよし」になれるといいわね～。

 ちょっと苦手

ふだんはなかよさそうにしているのに、実はその友だちに対して、どう接していいかわからないってかんじ？ あなたのほうが心を開いていないみたいね。自分のこともすこしずつ話していくといいんじゃない？

 **合わないかも…**

あなたはその友だちのことを、ちょっと合わないと思っているわね！ でも、意外と自分とちがった面を持っている子ほど、親友になりやすいのよ。積極的に話しかけないなんて、もったいな～い。

２階へ行く方法は？

階段をのぼってものぼっても２階にたどりつかない……。
でも、あることをしたら２階に行けたよ。なにをした？

あ かべに書いてある呪文をとなえた

い かべの絵を動かした

う 階段で何度も飛びはねた

え 一度階段をおりてからまたあがった

テスト結果は次のページ ➡ 109

診断40

実は友だちに知られたくないと思っていること

 実は不まじめ…

人前ではまじめなことを言ってるけど、実は部屋がちらかってたり、ひとりのときはだらけてたりするでしょ？　友だちの前では優等生で通っているから、かっこわるい姿は見せたくないってわけね。もっと素直になれば？

 実は飽きっぽい…

あなたは本を買っても最後まで読まないことが多いんじゃない？　でも、友だちには読んだふりをして話を合わせたり……。心の中では、今のままじゃいけないって思っているから飽きっぽくないふりをしちゃうのね。まずはなにかひとつ、長く続けてみたら？

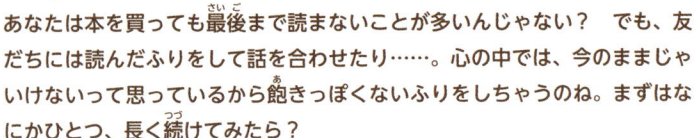 **実はひとりでいるのが好き…**

あなたは自分のペースを大事にする人だから、友だちと遊んでいても早く帰りたいって思ったりするでしょ。でも、そんなこと言ったらみんながはなれていくかも……ってこわいのね。今は友だちとの時間をたいせつにしたほうがいいわよ。

 **実は天然ボケ…**

あなたは頭のいい子にあこがれているのかしら？　本当はかなりの天然ボケなのに、必死でかくそうとしているようね。まだバレてないけど、そんなあなたも案外人気が出たりするかもしれないわ。

かがみの中に
ひっぱられる!?

部屋にあった大きなかがみに手のひらをあてたら
とつぜん指を強い力でひっぱられ、かがみの中に！
ひっぱられたのはどの指だった？

テスト結果は次のページ ➡

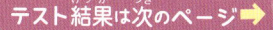

111

診断41 友だちが、されたらいちばんイヤなこと

親指　気をつかわれるのがイヤ

友だちはあなたと対等でいたいって思っているみたい。だから、敬語で話されたり、よそよそしくされたりするとイライラ。いっそ図々しいくらいがいいんじゃない？

ひとさし指　ベタベタしすぎるのがイヤ

友だちは自分の考えにこだわりがあるタイプ。だから、おそろいのものを持つとか、なにをするにもいっしょなんてイヤみたいよ。趣味をおしつけちゃダメ！

中指　見下されるのがイヤ

友だちは、つねにいちばんでいたいと思っているタイプね。だから、上から目線で話しかけられたりするとおこっちゃうみたい。なんでも言い合える友だちでも、礼儀ってたいせつよ。

薬指　ほかの友だちとなかよくするのがイヤ

友だちはあなたのことが大好きなのね。あなたをひとりじめして、どこに行くにもなにをするにもあなたといっしょがいいと思っているみたい。あなたがその想いにこたえてあげられれば、大親友になれるんじゃない？

小指　からかわれるのがイヤ

いつもニコニコしている友だちを、親しみやすいからって、ついからかったりしていない？　本当は気にしているかもしれないわ。ふざけ合えるのは楽しいけど、本音もきちんと聞いてあげて！

テスト 42

かがみの中は遊園地！外に出るには!?

かがみの中の世界はなんと遊園地！
次の4つのうちひとつだけが外へ
つながっているよ。どれを選ぶか、
友だちに聞いてみて。

あ お化け屋敷

い メリーゴーランド

う ジェットコースター

え 観覧車

テスト結果は次のページ ➡

113

このテストでわかるのは…

診断 42

ふたりの友情の危機

あ グループ解散が友情の危機

今、席替えをしてグループが分かれたりしたら、あっというまに話もしなくなっちゃうかも。あなたたちの友情は、まだまだ浅いみたいね。いっしょにいられる今のうちに、きずなを深めておくことね。

い クラス替えが友情の危機

クラス替えが最大のピンチ！ クラスがはなれてしまったら、おたがいに新しい友だちとのつきあいのほうが大事になりそうね。放課後はいっしょに遊ぶとか、つきあい方を変えれば、ずっとなかよくいられるんじゃない？

う 卒業するときが
友情の危機

あなたたちの友情にひびが入るのは、学校を卒業するとき。マメに電話をしたり、手紙を書き続けたらいいんだけど……。あなたはマメなほうじゃないからむずかしいかもね。友情を長続きさせたいなら、マメにがんばってみたら？

え 友情の危機が……ない!?

おたがい心の中で「なにがあってもずっと友だち」とか思っているいんでしょ。どう見ても強いきずなでむすばれているから、ちょっとくらいのケンカじゃ危機にはならないわ。あなたたちの友情は、一生続くかもね。

テスト43

友情相性診断

友だちとふたりでやってみてね

あなたと友だちの本当の相性がわかっちゃうよ。
それぞれ質問に答えていって
おたがいのタイプを出して。
最後に表を見て相性をチェック!

スタート

すごく変わった色の飛行機が空を飛んでいるよ。
なに色だと思う?

1 **赤色** ➡ 116ページの Ⓐ からのスタート

2 **黄色** ➡ 116ページの Ⓑ からのスタート

3 **青色** ➡ 116ページの Ⓒ からのスタート

診断は次ページにも続くよ ➡

A

すごくいい曲を聞いたけど、
曲名がわからない……。
どうする？

❶ まわりの人に聞く

❷ ネットで調べる

道路でボロボロになった
車を発見。なにがあった？

❶ 交通事故（こうつうじこ）

❷ 悪いイタズラ

B

もし、生まれ変（か）わるなら
どっちがいい？

❶ 犬

❷ ねこ

授業中（じゅぎょう）、すごくねむい
けど起きてなくちゃ！
どうやってがまんする？

❶ 顔をはたく

❷ しせいを正す

C

担任（たんにん）の先生が急に
変（か）わったよ。
なにがあったと思う？

❶ 体調をくずした

❷ とつぜんのてんきん

やみの中でキラリと
光るものが。
それはなに？

❶ けいたい電話

❷ ねこの目

教室に入ったら
自分の机がない!?
どうしてかな?

❶ クラスを
まちがえた

❷ 席（せき）をまちがえた

知らず知らずの
うちにため息……。
どんなとき?

❶ たいくつな
とき

❷ 宿題が終わ
らないとき

タイプ A（エー）

どっちのほうがイヤ?

❶ すごく寒い

❷ すごく暑い

うれしいと思う
ほうはどっち?

❶ テストでいい点
をとったとき

❷ 人からやさしく
されたとき

タイプ B（ビー）

タイプ C（シー）

どっちが幸せ?

❶ ふとんの中

❷ おふろの中

きんちょうしたとき
どうなる?

❶ おしゃべりになる

❷ 落ちつかなくなる

タイプ C（シー）

タイプ D（ディー）

テスト結果は次（つぎ）のページ ➡

 相性結果 43

あなたと友だちの相性は?

右の表であなたと友だちのタイプが交差するマークをチェック! それがふたりの相性だよ♪

自分＼友だち	Ⓐ	Ⓑ	Ⓒ	Ⓓ
Ⓐ	♥	♦	♣	♠
Ⓑ	♦	♥	♣	♣
Ⓒ	♣	♣	♥	♦
Ⓓ	♠	♣	♦	♥

 **♥ バツグン!**

あなたたちはほかの人にはぜったいに言えないことも打ち明けられる、とっても深いなか。自然と同じ芸能人を好きになったりして超盛り上がれそう。相手の気持ちにもいち早く気づけて、きずなも強い相性だよ。

 **♦ いいかんじ**

あなたたちは、いつもベタベタってわけじゃないけど、楽しいときや悲しいとき、気づいたらいつもそばにいるなかよしさん。きっとふたりでいると、おだやかな時間が流れるのね。友情が長続きする相性ね。

 **♣ ふつう**

あなたたちはすごくなかよしではないけど、なかがわるいわけでもないみたい。「そんなことない!」って思うかもしれないけど、もっと深い友情をつくれるっていう意味だよ。今まで以上にいっしょに遊んでみて!

 **♠ これからに期待**

あなたたちは、実は好きなことも考えることも正反対。対立したり、すれちがったりすることがよくあるかもね。でも、おたがいのちがいをみとめあえば、意外におもしろくて、すぐになかよくなっちゃう相性よ。

なかよし おまじない

友だちともっとなかよくなりたい！ そんな願い（ねが）をかなえてくれる
おまじないを紹介（しょうかい）。家や学校でためしてみてね！

親友になれる

おまじない

親友になりたいと思っている友だちとおそろいの本をもって、同じページにしおりをはさんで。すぐに親友になれるよ。

困ったときに（こま）助け合える

おまじない

友だちと一週間の間、おたがいのじょうぎをこうかんして使って。そうすると、困ったときに（こま）助け合えるようになるよ。

友情が長く続く

おまじない

友だちと同じ便せんを使っておたがいに手紙を出しあって。ふたりの友情はいつまでも続くよ。

なかが深まる

おまじない

図書室のお気に入りの本に、エメラルドグリーンのしおりをはさんで！ 1週間だれにも気づかれなかったら、最近遊ばなくなった友だちと、もう一度なかよくなれるはず。

かくしごとがなくなる

おまじない

おふろや洗面所のかがみに映った、自分の顔のりんかくを指でなぞってみて。友だちがかくしごとをしないでいてくれるよ。

パート 3

恋したら…♡ 恋愛タイプ診断

恋をしたら
どんなふうに変わる!?
恋愛タイプからモテ♡
テクニックまでわかる
胸キュン診断スタート!

LOVE

こころは？

えっ！

す… 好きな人なんて
いないよ〜

そうかなー？　自分で
気づいてないだけかもよ？

それじゃあ…
こころがいつも
持ってるこの本で
質問するね！

テスト
44

正しい道はどれ？

友だちと遊びにいったら道に迷っちゃった。近くにいる小さな子に
「次の道を○○へ行くと帰れるよ」と教えてもらったよ。どの道へ行く？

あ きれいに整備された道

い 花や草がたくさんはえている道

う ビルとビルの
あいだの細い道

えーと…
「きれいに整備
された道」かな？

あ を選んだ子は… ひとりだけいる

心の奥で気になる男の子がひとりだけいるあなた。今、そのカレの顔を想像しちゃったんじゃない？　気になる相手がほかの男の子に変わることはあるけど、基本的にひとりの男の子のことを思い続けるみたい。

い を選んだ子は… たくさんいる

心の奥で気になる男の子がたくさんいるあなた。すぐ好きになっちゃうタイプなんだね。でも、今はまだ友だちとして気になっているレベルで、本当に好きな男の子はまだ探しているとちゅうみたい。

う を選んだ子は… いない

今は気になる男の子がいないあなた。ちょっといいなと思う男の子がいても、すぐに「やっぱりやめた」ってならない？　ちょっと理想が高いのかも。もっと男の子のいいところを見るようにするといいかも。

でもね…恋には
大変なこともいっぱいよ

ますますダークな自分を
知ることになったりね…

あらあら…
恋バナなんて
楽しそうね

で？　そのひとりは
だれかな〜？

だから
いないって…

うわっ！

は…はると！
ごめんね
大丈夫!?

テスト45 おいしい木の実

すごくおいしい実がなる木があるよ。
その実は、木のどこになると思う？

あ 木のてっぺん

い 枝の先

う 葉の裏

え みき

お 根

テスト結果は次のページ➡ 127

このテストでわかるのは…

診断45 男の子があなたを好きになるポイント

あ 頭のよさ

しっかりもののあなた。ふだんから男の子にも頼られているんじゃない？ そんなあなたがたまにドジをしちゃうと、そのギャップでもっと人気が出るよ♪

い 笑顔

あなたの笑顔はとっても魅力的。まわりには、あなたの笑顔を見たくてついからかっちゃう男の子も多いんじゃない？ 気になる男の子にはあなたから笑いかけてみて。

う 髪

男の子はあなたのきれいな髪にうっとり。横を通りすぎるとき、あなたに見とれている男の子も多いはずよ。毎日のお手入れでサラサラヘアをキープしよう！

え ふんいき

あなたはいつも自然体で、男の子が近よりたくなるふんいきがあるみたい。休み時間にもよく話しかけられるんじゃない？ 友だちにうらやましがられているかも。

お やさしさ

男の子は、あなたの気配り上手なやさしさに、ドキドキしちゃうみたい。ふだんから思いやりのある言葉をかけたり、みんなをはげましたりしているのね。

井戸水の味

ひみつの井戸を発見!
この井戸水はどんな味がすると思う?

 甘い　　　 からい

 しょっぱい　 にがい

あなたがもっとモテる方法

あ 女の子らしくしてみて

ふだんから男勝りでおてんばなあなたは、もっと女の子らしく、キュートにふるまうとモテるみたい。あなたが「かわいい！」と思った友だちのしぐさを研究してマネしてみるといいよ☆

い 自分にきびしくしてみて

いつも、ついつい弱音をはいちゃうあなたは、もっと自分にきびしくしてみて！むずかしい問題にチャレンジしたりして自分をみがくと、ぐっと大人っぽく見えてファンが増えるはず。

う 男の子を頼ってみて

いつも強がっちゃうあなたは、もっと弱さを見せて！　男の子にとってちょっと近よりにくいオーラが出ているみたいだから、たまには助けてもらうときょりが縮まってなかよくなれるよ☆

え 自分の意見を言ってみて

はずかしがりやなあなたは、もっと自己主張するとモテるみたい。あなたのしたいことやイヤなことは、はっきりと口にしたほうが、男の子からは好感を持たれるもの。思いきりがたいせつね☆

テスト47 ネックレスはどこにある？

たいせつにしていたネックレスが見つからない！
どこにあると思う？

あ たんすのうしろ

う 本にはさまっている

え 服のポケットの中

い ベッドの下

テスト結果は次のページ ➡

このテストでわかるのは…

診断 47 好きじゃない人に告白されたらどうするか

 あ　はぐらかす

あなたは、用事があるとか言って、はぐらかしてにげちゃうタイプ。相手をきずつけたくないから、先のばしにしちゃうのね。でもきちんと答えることが、カレに対するやさしさよ。

 **い　つい OK しちゃう**

あなたは、告白されたことがうれしくって、つい OK しちゃうタイプ。でも、一度冷静になって！　何日か待ってもらって、じっくりと自分の気持ちをたしかめてみてもいいんじゃない？

 **う　友だちに助けてもらう**

あなたは、友だちについてきてもらったり、ことわってもらったりするタイプ。友だちを頼るのもいいけど、カレはあなたからちょくせつ答えを聞きたいって思ってるはず。

 **え　きっぱりことわる**

あなたは、好きじゃなければムリにつきあおうとせず、きっぱりおことわりするタイプ。そのほうがあなたも相手も気持ちの整理がつきやすいってことを知っているのね。

テスト48

どんななべにする?

なべパーティーをすることになったよ。
あなたならどんななべにする?
今の気分で答えてね!

 **おでん**　 **すき焼き**

 キムチなべ　 **カレーなべ**

テスト結果は次のページ ➡ 133

このテストでわかるのは…
診断48 あなたの恋愛タイプ！

あ ベタベタ恋愛タイプ

カレとずっといっしょにいたいと思っているあなた。カレのことを考えると勉強も習いごとも手につかなくなるんじゃない？　でもカレは、“人前でベタベタするのははずかしい！”って思っているかも。状況をよく見て接することがたいせつ！

い 束縛恋愛タイプ

あなたは、カレがほかの子となかよくしているのが、いつも気になっているんじゃない？　カレのことが大好きなのはわかるけど、このままだときゅうくつに思われちゃうかも。たまにはカレからはなれると、あなたの新しい魅力に気づいてもらえるよ。

う あっさり恋愛タイプ

あなたはカレがなにをしていても、あまり気にしないみたい。まわりには「冷めてる！」って思われているけど、相手を信用しているからこそ。カレがさみしく思わないよう、たまには素直に気持ちを伝えることも必要よ。

え 情熱恋愛タイプ

友だちと同じ人を好きになったり、すぐに男の子と親密になったりするあなた。恋愛に熱中しすぎてまわりが見えなくなると、友だちや好きなカレにきらわれちゃうことも……。ときには冷静になることもたいせつよ。

テスト49 トランプをめくってみよう

あなたの好きなカレのことを思いながら、
トランプを1枚めくってみて。なんのマークが出た?

スペード

ハート

ダイヤ

クローバー

テスト結果は次のページ ➡ 135

診断49 カレのこと、本当はどう思っているか

♥ 実はそんなに…

あなたは、カレのことを思っているほど好きじゃないみたい。みんながうわさしているのを聞いているうちに気になりだしたとか、人に流されているだけなんじゃない？ カレのことが本当に好きか、もう一度よ〜く考えてみて！

♦ あこがれの存在

あなたは、カレを芸能人のような存在だと思っているわ。テレビの芸能人を見るのと同じで、あこがれが強すぎてつきあいたいっていうよりも"見ているだけで満足！"って感じかしら。でも、勇気を出して話しかければ意外となかよくなれるかも。

♣ けっこう好き

あなたは、カレのことがけっこう好きみたい。つきあいたいと思ってはいるけど、自分から積極的にいく気はないみたい。カレがふり向いてくれるまで待つ気なのね。でもそれじゃ、だれかにうばわれちゃうかも！ 勇気を出すことも必要よ！

♠ 思っている以上に好き！

あなたは、カレのことがかなり好き。しかも、まわりには気づかれていないと思っているけど、あなたの友だちにはバレバレみたいよ。自分の気持ちに正直になって、あなたからカレにいろいろ話しかければ、もっとなかよくなれるよ！

テスト 50 大人気のパン

あなたが住んでいる町で、意外なかくし味を
使ったパンが大人気！　なにが入っている？

 あ なす　 **い** かぼちゃ　 **う** たまねぎ

テスト結果は次のページ ➡

診断 50

カレのうわきを許せる？

あ ほとんど気にしない

あなたは、とても広い心を持っていて、ちょっとのことではうわきだと思わないみたい。だけど、カレがほかの女の子とどこかに遊びに行っちゃうと、さすがにハラハラしちゃうみたいね。

い 楽しそうにしゃべるのは NG

あなたは、カレがほかの女の子とおしゃべりをして、親しくしているのを見るとついイライラ。用事を話すだけならいいみたいだけど……。カレの笑顔をだれにも見られたくないのね。

う ふつうに接するだけでも NG

あなたは、カレがあなた以外の女の子と接するだけでもイヤな気持ちになっちゃうのね。でも、カレにはなんの下心もないはず……。もう少し、カレを自由にしてあげないと、きらわれちゃうよ！

テスト51 どこからきた おくりもの?

おくりものがとどいたよ。
どこからきたものだと思う?

 寒い街（まち）　　 暖かい街（あたたかいまち）

 海の近くの街（うみのちかくのまち）　　 山の中の街（やまのなかのまち）

テスト結果（けっか）は次（つぎ）のページ➡

 診断 51 恋のスタートのきっかけ

あ はげまして もらったとき

あなたは、自分が元気のないとき、そばにいてはげましてくれた男の子のことを好きになっちゃうみたい。きっと男の子のやさしいところにキュンとしちゃうんだね。あなたも同じようにやさしくしてあげれば、なかよくなれるよ。

い 楽しませて もらったとき

みんなといっしょにいるとき、おもしろいことをして楽しませてくれた男の子のことを好きになっちゃうよ。いつも楽しそうに笑ってくれるあなたのこと、カレも気になっているかも。思いきって自分からも話しかけてみて。

う かっこいい ところを見たとき

スポーツや掃除など、みんなよりがんばっている男の子のことを好きになっちゃうよ。真剣な顔をしている男の子が好きなのかな？ はずかしがりやのあなただけど、運動会などで勇気を出して、カレのことを応援してあげてね。

え 頼れるところ を見たとき

あなたは、みんなのリーダーになっている男の子のことを好きになっちゃうよ。みんなを代表して先生と話していたり、大人っぽいところがすてきだと感じるみたい。きっとカレみたいなしっかりした人にひっぱっていってほしいって思っているんだね。

テスト 52　ジグソーパズルのもよう

ポスターぐらいの大きさのジグソーパズルを
買ってきたよ。完成したら、どんな絵になる?

1　かわいい犬

2　有名な人

3　白い砂浜

4　きれいな山脈

5　おどけたピエロ

6　大人の男女

テスト結果は次のページ➡ 141

診断 52

男の子を好きになるときの優先ポイント

❤ 1 性格

男の子は性格第一！と思っているあなた。たいせつにしてくれるとドキッとしちゃうんじゃない？小動物をかわいがるなど、ちょっとしたやさしさに魅力を感じるみたいね☆

❤ 2 お笑いのセンス

男の子はおもしろくなくちゃ！と思っているあなた。楽しませてくれることがたいせつみたいね。でも、おもしろい男の子って意外に人気が高いから、ひとりじめはむずかしいかも。

3 頭のよさ

頭がいい男の子にドキドキしちゃうあなた。むずかしい問題をすらすらといたり、興味深い話をしてくれたりするとそんけいしちゃうみたい。あなたも話があうように本をよく読んで！

4 芸術センス

歌や絵が上手な男の子にときめいちゃうあなた。あこがれもあるみたいだね。カレはみんなとちがう考えを持っているから、思ってもみないことで楽しませてくれるかもね♪

5 運動神経

運動神経のよさにうっとりしちゃうあなた。体育のときにかつやくしているのってかっこいいものね。あなたも休み時間にいっしょにグラウンドに出て、なかよくなっちゃお☆

6 見た目

男の子の見た目を優先しちゃうあなた。目立つかっこいい男の子についつい目がいっちゃうみたい。あなたと性格が合うかどうか、きちんと見きわめることがたいせつね☆

パート3

恋したら…♥恋愛タイプ診断

テスト 53 — あてはまる動物はどっち?

動物について質問をするよ。
動物を選んで、番号をたどっていって!

1
好きなカレが
飼いはじめたねこは?

三毛ねこ ➡ 2へ

くろねこ ➡ 5へ

2
どっちのせなかに乗って
空を飛びたい?

ドラゴン ➡ 4へ

ユニコーン ➡ 3へ

3
ビックリ! あなたに
話しかけてきた動物は?

カメ ➡ 9へ

イルカ ➡ 8へ

4
おいしそうにごはんを
食べていたのは?

ライオン ➡ 7へ

キリン ➡ 8へ

5
サーカスで
すごい芸をしたのは?

クマ ➡ 3へ

サル ➡ 6へ

7

人気の男子から
もらったアクセサリーの
モチーフは？

うさぎ ➡ 診断 A へ

羊 ➡ 診断 B へ

6

好きなカレが動物に
なっちゃった！
なにになった？

タヌキ ➡ 9 へ

キツネ ➡ 10 へ

8

森の中で鳥を発見！
どっちの鳥？

ハト ➡ 診断 B へ

フクロウ ➡ 診断 C へ

9

初ちょうせんの釣りで
大物をゲット！
どっちを釣った？

タイ ➡ 診断 C へ

サバ ➡ 診断 D へ

10

まどから飛び込んできた
虫はどっち？

ハチ ➡ 9

チョウ ➡ 診断 D へ

このテストでわかるのは…

あなたのモテ度

A 超モテモテ！

みんなよりすこし大人っぽいあなた。まわりのふんいきにびんかんで、相手の気持ちをわかってあげられるから、とっても信頼されているみたい。そんなあなたは男の子だけでなく、女の子にも超モテモテだよ。

B 意外にモテる

あなたは自分が思っている以上にモテモテ。教室で何人かの男の子のしせんを感じちゃってるんじゃない？　あんまり意識するとぎこちなくなるから、いつも通りのあなたでOK。自然体のあなたが魅力的だからね♪

C かくれファン多し

あなたは実はけっこうモテているんだけど、それにはまだ気づいていないみたい。いつもとちがう友だちや男の子に話しかけてみると、うれしい情報を入手できるかも！

D 将来モテモテ

今のあなたのモテ度は低いけど、それは自分をみがく時期だから。自分のいいところを見つけて、それをのばして自信をつけて！　そうすれば、モテモテの将来が待っているよ☆

究極の選択 テスト 54

あぶない！ ぶつかる！ そのときあなたは…？

大きなにもつを持って歩いてくる友だち。
そのうしろから男の子がよそ見しながら走ってきたよ。
このままじゃぶつかっちゃう！ あなたならどうする？

Ⓐ あぶない！ と大きな声をだす

Ⓑ 男の子のまえに立って女の子を守ってあげる

テスト結果は次のページ➡ 147

診断
54

告るタイプ？
告られるタイプ？

A　告られるタイプ

あなたは男の子から告白されやすいタイプだよ。知らない男の子からとつぜん想いを打ち明けられて、びっくりしちゃいそう。そんなことがこれから何度もあるから、楽しみにしていてね。

B　告るタイプ

あなたは好きな人ができたら、自分から「好きです！」って言っちゃうタイプだよ。好きになると気持ちを伝えたくてじっとしていられないんだよね。ほかの人より勇気があるからできるのかも。

究極の選択 テスト55

チョウが頭にとまったら…

授業中、教室にチョウが飛んできて
となりの子の頭にとまったよ。まわりのみんなは
クスクス笑っているけど、どうする?

Ⓐ 手でふりはらってあげる

Ⓑ 声をかけて教えてあげる

テスト結果は次のページ ➡ 149

診断
55

恋愛に興味アリ？ナシ？

A

恋愛に興味アリ！

あなたはいつもだれか好きな人がいる、恋愛に興味しんしんなタイプ。今も気になる男の子がいるでしょ？　でも、もしかしたら、みんなで恋バナしたりさわいだりするのが楽しいのかも。

B

恋愛に興味ナシ

あなたはあまり人を好きにならないタイプ。理想が高いのかな？　でも、そのぶん、好きな人ができたら、その恋をとてもたいせつにするよ。今気になる男の子がいるなら、その人のことをすごく好きってことだよ。

お皿になんて書く？

好きな言葉を書いて、
オリジナルのお皿を作るよ。なんて書く？
想像するか、実際に紙に書いてみて！

テスト結果は次のページ ➡

このテストでわかるのは…
恋の成長度
こい せい ちょう ど

1文字目を「ひらがな・カタカナ」で書いた子は…

赤ちゃんレベル

あなたは、赤ちゃんのようにいろんなことに興味しんしん。今は、恋愛のことなんて、ぜんぜん知らずにいるんじゃない？　友だちに恋愛トークをされても、きょとん……って感じね。あなたが恋をするのは、まだまだ先みたい。
きょうみ　れんあい　れんあい　こい

1文字目を「数字」で書いた子は…

幼稚園児レベル
ようちえんじ

あなたはまだ小さな子どものように、男の子も女の子もみんなでなかよくするのが楽しい♪って考えているのよね。あなたのまわりは恋に夢中かもしれないけれど、あせらないで！　あなたにも、恋は自然におとずれるはずだよ☆
こい　む　ちゅう　こい　し　ぜん

1文字目を「漢字」で書いた子は…

高校生レベル

あなたは今、高校生のように、ちょっと大人でさわやかな恋愛をしたいと思っているみたい。だから、クラスの男の子のことを子どもっぽい！って思っちゃっていない？　年上の男の子を好きになると、もっと恋愛を楽しめるかも☆

1文字目を「アルファベット」で書いた子は…

大人レベル

あなたは恋愛に対して、大人のように超よゆう。男の子の言葉や態度に、いちいちはずかしがったりとまどったりしないみたいね。そんなあなたは、友だちからの信頼もバツグン！　恋愛相談もひっきりなしって感じね☆

テスト57 かぜをひいた日

友だちと遊ぶのにかぜをひいちゃった。
ドタキャンできないし、とりあえず出かけたけど……。
質問に答えながらすすんで、Ⓐ〜Ⓒのなにを
選んだかおぼえていてね。

Q1 かぜ薬を飲んでいくことにしたよ。
なにを飲む?

Ⓐ 「一発でなおる!」かぜ薬

Ⓑ 「体にやさしくきく」かぜ薬

Ⓒ 「いつのまにかよくなる」かぜ薬

Q2 友だちにかぜをうつしたくないから
マスクをしていったよ。
友だちはなんて言った?

Ⓐ 「どうしたの?」   Ⓑ 「帰ったほうがいいよ」

Ⓒ 「ぐあいわるくなったら言ってね」

Q3 みんなと盛り上がっていると、少しずつ体調がよくなってきたよ。お昼はなにを食べる?

 ハンバーガー おこのみやき カレーライス

Q4 お昼ごはんを食べたら完全復活!
午後はどこへ行く?

 ショッピングセンターをぶらぶら

 河原をさんぽ 友だちの家でゲーム

Q5 家に帰ってきたら、急に体調がわるくなっちゃった……。ぐあいはどんな感じ?

 せきがとまらない

 熱が出た

 おなかの調子がおかしい

テスト結果は次のページ ➡

このテストでわかるのは…

あなたにぴったりのカレ

タイプ 1

オタク系

熱中しやすいあなたはオタク系のカレがぴったり。おたがいの趣味をたいせつにできるから、とてもわかりあえるはず☆ 同じ趣味にはまったら、抜け出せないかも！

タイプ 2

秀才

あなたにぴったりなのは、秀才のカレ。頭がよくて考え方も大人っぽいから、あなたのことをなんでも理解してくれて、むずかしい相談にものってくれそう。頼りになるわね。

診断のしかた

各質問で選んだ A ～ C の答えの点数を足していって。合計点数からあなたのタイプがわかるよ。

	A	B	C
Q1	0	1	3
Q2	3	0	1
Q3	3	1	0
Q4	1	0	3
Q5	1	0	3

12 ～ 15 点 ➡ タイプ**1**

8 ～ 11 点 ➡ タイプ**2**

4 ～ 7 点 ➡ タイプ**3**

0 ～ 3 点 ➡ タイプ**4**

タイプ**3** お笑い系

あなたにはお笑い系のカレがぴったり。あなたもカレも、おたがいに相手を笑わせようって考えるみたい♪ いっしょにいるといつも笑いがたえない、幸せカップルになれるはず。

タイプ**4** スポーツマン

あなたにぴったりなのはスポーツマンのカレ。活発なタイプでもあるから、いっしょにいろいろなところへ出かけて楽しめるはず。ふたりでいると、デートの思い出がたくさんできそう。

ごちそうを囲んで、友だちとパーティーをしたよ。
左右の絵で、ちがうところを探してね。
いちばんはじめに見つけた間違いはなにかな？

診断 58

あなたが持つ恋愛能力

答え

間違いはぜんぶで 4 つ。
あなたが最初に見つけた
間違いで診断してね。

最初に見つけたのは…ピザのトッピング

あなたはもともと恋愛能力が高いタイプ。男の子に好かれる話し方やしぐさがふつうにできているから、すぐ男の子となかよくなれちゃうみたい。あなたにドキドキしている男の子は多そうよ。

最初に見つけたのは…魚の種類

あなたの恋愛能力はまあまあ高いほう。気になる男の子がいたら、積極的になかよくなろうとするよ。気づいたらいつもそばにいるあなたを、男の子もだんだん意識するようになるみたい。

最初に見つけたのは…肉の大きさ

あなたの恋愛能力はふつう。あなたは好きな男の子ができると、黙っていられなくなるタイプ。自分の気持ちをかくさないから、みんなにバレバレだけど、素直なところがいいって思われるよ。

最初に見つけたのは…サラダのトマトの数

あなたの恋愛能力は低め。あなたは好きな男の子の前では、なにも話せなくなちゃうタイプだよ。話そうとしてもきんちょうして変なことばかりしゃべっちゃいそう。深呼吸してから話しかけてみて！

テスト59

本にはさまっていたものは？

図書館で本を借りたら、映画のチケットがはさまってたよ。なんの本に、どんな映画のチケットがはさまっていた？

テスト結果は次のページ ➡ 161

診断59 理想の告白とあこがれのデートスポット

借りた本でわかるのは…

されてみたい！ 理想の告白

小説や歴史の本を借りた人は、大人っぽい告白にあこがれているよ。写真集を借りた人は、写真に写っているような場所で告白されるのが理想みたい。絵本やマンガを借りた人は、ドラマチックに告白されたいって思っているみたい。

映画のチケットでわかるのは…

あこがれのデートスポット

楽しい映画のチケットだと思った人は、遊園地みたいなワクワクする場所でデートしたいって思っているよ。悲しい映画のチケットだと思った人は、静かな公園にデートで行きたいって思っているみたい。動物が出てくる映画だと思った人は、動物園や水族館デートにあこがれているみたいだね。

プールの中のものを ひろったのはだれ?

友だちとプールへ行ったときのできごと。
最後のコマに出てきたのはだれで、なんて言った?

プール
楽しみだね

なにか
落ちてる!?

❤ **あ** 年上の男の人が 「これ、キミの?」

❤ **い** 小さい男の子が 「なにか落ちてた〜!」

❤ **う** 同じ年ぐらいの女の子が 「これ、わたしのなの」

❤ **え** 監視員の大人の人が 「危ないからさわっちゃダメだよ」

テスト結果は次のページ ➡ 163

診断 60

もしも友だちと同じ人を好きになったら…

あ を選んだ人は…

あきらめてほかに好きになれる人をさがす

あなたは、友だちと同じ人を好きになっても、争ったりしないみたい。がんばってあきらめて、ほかにいい人を探そうとするよ。あきらめきれるならいいけど、ムリをして自分の気持ちをごまかしてばかりいるのはダメ。本当の気持ちもたいせつにしてね。

い を選んだ人は…

友だちを応援する

あなたは、友だちと同じ人を好きになったら、友だちのことを応援するみたい。自分の気持ちより友だちのことを大事にするんだね。でも、どうしてもカレのことが好きなら、素直に友だちに打ち明けることもたいせつだよ。

う を選んだ人は…

ライバル宣言（せんげん）する！

あなたは、友だちと同じ人を好きになったら、堂々（どうどう）とライバル宣言（せんげん）しちゃうよ。友だちと恋愛（れんあい）は関係（かんけい）ないって思っているみたい。でも、友だちはあなたと同じ考えとはかぎらないから、しっかりフォローしないと友情（ゆうじょう）にひびがはいることも。

え を選んだ人は…

友だちにかくれてがんばる！

あなたは、友だちと同じ人を好きになっても、友だちに言わずこっそりがんばっちゃうみたい。そもそも恋愛（れんあい）のことを話すのが苦手なんじゃない？　好きな人を打ち明けないといけないわけじゃないけれど、友だちが話してきたらあなたも正直になったほうがいいよ。

あてはまるのは どっち？

質問に答えて、あなたにあてはまるほうにすすんでね。

① → ② ┄┄▶

スタート

授業中に よく窓の外を見る。
① はい
② いいえ

算数は 得意なほうだ。
① 得意
② 得意じゃない ┄┄┄

借りたものは……。
① すぐ返す
② なかなか 返さない

おふろに 長く入るのが好き？
① はい
② いいえ ┄┄┄

テレビに出ていると
チャンネルを変えるほど
きらいな芸能人がいる。

① いる
② いない

自分より目立つ人が
いるとイライラする。

① はい ➡ 診断 Ⓐ へ
② いいえ ➡ 診断 Ⓑ へ

髪型が決まらないと
1日中落ちつかない。

① はい
② いいえ

クラスや友だちの
うわさにびんかん?

① はい ➡ 診断 Ⓑ へ
② いいえ ➡ 診断 Ⓒ へ

まわりの友だちが
子どもっぽく見える
ことがある。

① はい ➡ 診断 Ⓒ へ
② いいえ ➡ 診断 Ⓓ へ

消しゴムが黒いと
白くなるまで
こすってしまう。

① はい
② いいえ ➡ 診断 Ⓓ へ

テスト結果は次のページ ➡ 167

このテストでわかるのは…

診断 61

あなたにぴったりの 恋のライバル攻略法！

A ライバルは気にせず自分らしく

人より意志が強いあなたは、自分を信じてがんばるのがいいみたい。ライバルのことは気にしないで、カレのことだけ考えて。自分らしく、カレにどんどん話しかけてなかよくなっちゃお☆

B 自分みがきで差をつけて！

あなたは恋のライバルには負ける気がしないって思う勝ち気なタイプね。はやりのファッションを研究したり、自分みがきをしてもっときれいになってね。ライバルなんかいなくなるよ！

C 友だちを味方につけて

気がやさしいあなたはライバルと争うのがあまり得意じゃないみたい。なかよしの友だちづたいに、さりげなくあなたのいいところをカレにアピールしてもらうとうまくいきそう。友だちにいろいろ協力してもらって。

D ライバル宣言でもっとやる気に！

あなたは正々堂々とたたかうとやる気が出るタイプ。堂々とライバル宣言をしてみて！　カレをとられたくないっていう強い気持ちが出て、今よりもっとやる気が出るはずよ。

テスト 62

あてはまるものはいくつ?

次の 10 個の質問を読んで
あなたにあてはまるものに○をして!
最後に○の数を数えてね!

- ☐ テレビやざっしで紹介されたものは、だいたいほしくなる
- ☐ 思っていることが顔に出やすい
- ☐ 自分が言ったことに反対されると頭にくる
- ☐ 今まで、「これはがんばった」と言える経験がある
- ☐ 計算ミスが多い
- ☐ 食べ物の好ききらいはすくない
- ☐ 将来やりたいことが決まっている
- ☐ 困ったことがあったら、すぐ人に相談する
- ☐ 恋バナが好き
- ☐ 冬より夏が好き

テスト結果は次のページ ➡ 169

診断 62

あなたにぴったりの アプローチ方法

⊙の数が 8〜10個

ストレートに アプローチ

まわりくどいことがきらいな あなたは、ストレートなアプ ローチがいちばん！ 好きな カレには毎朝あいさつするこ とからはじめて、少しずつ話 す時間を長くしていって！ なれてきたらどんどん話しか けると、すっかりなかよくな れちゃうよ☆

⊙の数が 5〜7個

手紙でアプローチ

カレの前だときんちょうしちゃ うあなたは、ちょくせつ話すよ り手紙でアプローチをするのが いちばん。休み時間にそっとわ たせば、だんだんなかよくなれ るよ！ ふたりだけのヒミツの コトを書けば、もっと親密にな れそうだよ。

手助けしてアプローチ

◎の数が
2〜4個

積極的にアプローチするのが苦手なあなたは、カレが困っているときがチャンス☆　ふでばこや教科書を忘れていたら、さっとかしてあげよう。いつでも助けられるよう、ふだんからカレを気にかけていて。

まわりからアプローチ

◎の数が
0・1個

なかなかカレに話しかけられないあなたは、友だちの力をかりるのがベスト☆　友だちからカレに、さりげなくあなたのいいところを話してもらおう。カレはだんだんあなたに興味を持つようになるかも。

こわいけど
知りたい…

ブラック ストーリー 診断

恋をすると
今まで思いもしなかった
自分を知ることに
なるかも……
あなたの意外な一面を
ズバリ診断しちゃうわよ!

街に買い物に行ったら、テレビの撮影をしているのを発見。いろんな人にインタビューをしているみたい。答えたら、なんだかいいことありそう!

スタート

理科と社会
どっちが得意?

社会 ➡ 4へ
理科 ➡ 1へ

00 TV

テスト 63 テレビのインタビュー

インタビューに答えてみよう！　質問(しつもん)を読んで
あてはまるほうにすすんでね！“スタート”が第 1 問目だよ。

1
かかさずに見ているテレビ
番組が 5 つ以上ある？
はい ➡ 3 へ
いいえ ➡ 2 へ

2
自分の長所を
言える？
はい ➡ 8 へ
いいえ ➡ 7 へ

3
なんとなく先生の
性格がわかる？
はい ➡ 5 へ
いいえ ➡ 7 へ

4
学級委員をしている。もしく
は前にしたことがある？
はい ➡ 2 へ
いいえ ➡ 6 へ

5
道にさいふが落ちているよ。
いくら入っていると思う？
5 千円以上 ➡ 2 へ
5 千円未満 ➡ 8 へ

6
どうしても！というときは、
ウソをついてもいい？
はい ➡ A へ
いいえ ➡ B へ

7
まわりの人とくらべて
友だちが多い？
はい ➡ B へ
いいえ ➡ C へ

8
学校や塾(じゅく)以外の友だちが
3 人以上いる？
はい ➡ C へ
いいえ ➡ D へ

テスト結果(けっか)は次(つぎ)のページ ➡  173

診断 **63**

このテストでわかるのは…

あなたのねこかぶり度！

 ねこかぶり度 100%

あなたは男の子の前だとまるで別人のようになっちゃうでしょ。自分でも友だちの前とちがうってわかっても、男の子にはかわいい子って思われたいのね。キャラがちがいすぎて、女の子にひかれないように気をつけることね。

 ねこかぶり度 60%

あなた、男の子の前ではけっこうねこをかぶってキャラを作っているでしょ。自分でそう思っていなくても、まわりの女の子はそう思っているみたいよ。男の子の前だけじゃなくて、ふだんからみんなに笑顔をふりまくことね。

 **ねこかぶり度 30%**

あなたは男の子の前ではすこしだけキャラを作っているようね。でもそれは、先生の前で言葉づかいを正しくするのと同じようなもの。だれでもやっているレベルよ。むしろ礼儀といってもいいくらいに自然だから、気にする必要ないわ。

 ねこかぶり度 0%

あなたは男の子の前でも全然ねこをかぶらないのね。あまりに変わらなさすぎて、男の子にはただの友だちって思われているわよ！　気になるカレの前では、もうすこしキャラを作ってみてもいいんじゃない？

テスト 64

ボールにあたって気を失っちゃった！

インタビューに答えていたら、どこからかボールが
飛んできて頭にぶつかっちゃった！
ぶつかったのはどのボール？

あ テニスボール

い 野球のゴムボール

う サッカーボール

え バスケットボール

テスト結果は次のページ ➡ 175

このテストでわかるのは…
あなたの恋の未練度

あ　未練なし

あなたは、終わった恋のことはきれいさっぱり忘れる、切りかえがはやいタイプ。未練なんてぜんぜんないから、男の子からは「冷たい…」なんて思われることも。でも、そんなことより、次の恋のことで頭がいっぱいなのね。

い　ちょっと未練あり

あなたは、恋が終わると思い出さないように努力するタイプ。むりやりにでも自分にケジメをつけたいのね。趣味やクラブ活動をがんばっていれば、自然に忘れちゃうんじゃないかしら？

う　けっこう未練あり

あなたは、恋が終わってもカレのことをつい思い出しちゃうタイプ。思い出のものを何度も見かえしては、悲しい気分にひたっているんじゃない？　さっさと気分転換すればあっというまに忘れられるわよ！

え　未練たっぷり

あなたは、終わった恋に未練がたっぷり残っているわ。可能性がゼロでも、「もしかしたら！」って思うタイプ。それだけ人を想う気持ちが強いのね。自分みがきをすれば、カレよりず～っといい人があらわれると思うけど？

テスト 65 目覚めたら そこには…!?

気がついたとき、あなたのそばにいたのは
なんとずっとあこがれていたアイドルのカレ！
そのとき、カレはどこを見ていた？

パート**3**

恋したら…♥恋愛タイプ診断

- **あ** かがみ
- **い** ゆか
- **う** あなた
- **え** 窓

テスト結果は次のページ ➡ **177**

このテストでわかるのは…

あなたのうわき度

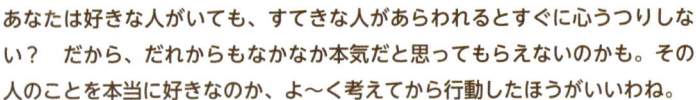

あ うわき度 100%

あなたは好きな人がいても、すてきな人があらわれるとすぐに心うつりしない？　だから、だれからもなかなか本気だと思ってもらえないのかも。その人のことを本当に好きなのか、よ〜く考えてから行動したほうがいいわね。

い うわき度 50%

あなたは、好きになる前に自分に合っているかをすこし考えるタイプ。基本的には心から好きな人とすてきな恋愛ができるんじゃないかしら。でもまたに、考える前に一目ぼれ♡なんてこともあるみたいよ。

う うわき度 30%

あなたは相手のことをじっくり研究してからじゃないと、好きになれないタイプみたいね。だから一度好きになったら一途だし、もしほかに好きな人ができたら、それは浮気じゃなくて本気ってこと。

え うわき度 0%

あなたは、好きな人がたくさんいるなんて考えられない！　って思ってない？　まだ恋愛には興味がないのかもしれないわね？　一度恋をしたらほかの人はいっさい目に入らないから、ず〜っとひとりの人のことを想い続けるわ。

テスト66 ヒミツのデート

実はボールをなげたのはカレ。
おわびに願い(ねが)を聞いてくれるっていうから、思いきって
「いっしょに遊びたい」とお願い(ねが)。デートすることになったよ。
質問に答えて番号のところにすすんでね。

1

ちょっと遠くのテーマ
パークへいくことに。
どっちで行く?

自動車 ➡ **2**へ

飛行機 ➡ **3**へ

テストは次(つぎ)のページにも続くよ ➡ 179

2

なぞの外国人に
尾行されている!?
その人はなに人?

ブラジル人 ➡ **4**へ

ロシア人 ➡ **5**へ

4

尾行を巻くため
ちょっと遠回り。
どこへ行く

海岸 ➡ **7**へ

公園 ➡ **8**へ

3

作ってきた
お弁当はなに?

サンドイッチ ➡ **5**へ

おにぎり ➡ **6**へ

5

人通りの少ない場所で
迷った！
だれに道を聞く？

ぐうぜん歩いてきた男の人 ➡ **8**へ

近くにあったお店の人 ➡ **9**へ

6

雑誌に載っていたお店に
はいったよ。
評判料理はどっち？

ごはんもの ➡ **9**へ

めん類 ➡ **10**へ

テストは次のページにも続くよ ➡

7

テーマパークに到着。
そこでぐうぜん
会った人は?

近所のおばさん ➡ 診断 Ａ へ

クラスメイト ➡ 診断 Ｂ へ

8

きれいな景色を見たよ。
なにが見えた?

高い建物 ➡ 診断 B へ

大きな滝 ➡ 診断 C へ

9

落とし物をしちゃった。
なにを落とした?

おさいふ ➡ 診断 C へ

大事にしていたアクセサリー
➡ 診断 D へ

ドリームパーク

10

テーマパークの入り口に
人がいっぱい! どうして?

事故があった ➡ 9へ

カレの正体がバレた
➡ 診断 D へ

テスト結果は次のページ ➡ 183

恋愛と友情 どっちをとる？

A 恋愛

恋愛第一のあなたは、もしカレと友だちの両方から同じ日に遊びにさそわれたら、迷わずカレをとるわね。カレといるのがなによりも楽しいんだろうけど、カレばかり優先させていたら、友情にひびがはいるかもよ。

B どちらかといえば恋愛

恋も友情もたいせつ！なんていっているけど、いざとなったらやっぱりカレをとるタイプね……。でも、恋がうまくいくのも友だちが相談にのってくれるから。空いている時間は友だちをたいせつにすることね。

C どちらかといえば友情

あなたは、恋人がいても友だちとの関係のほうをたいせつにしたいって思っているでしょ。でも、今はまだ、どうしてもカレがほしいってわけじゃないみたい。本当に大好きなカレができても変わらずにいられるかしら？

D 友情

友だちのためなら、せっかくのカレのさそいもことわるつもりでいるあなたは、恋よりも友情のほうがつづくって思っているのね。そこまできっぱりしていると、なんだかカレがかわいそうに思えてくるわ…。

テスト 67 ★ デートの最後に…

楽しかったデートも終わり。
デートの最後にカレが意外なプレゼントをくれたよ。
それはなに?

- **あ** カレがたいせつにしていたアクセサリー
- **い** 肩を抱いて2ショットの写真
- **う** カレの連絡先を書いたメモ
- **え** 感謝の手紙

テスト結果は次のページ ➡

このテストでわかるのは…

あなたの恋の小悪魔レベル

あ むしろ天使!?

まだ悪いことはな〜んにも知らないあなた。好きなカレの前でも素直でいるみたいだけど、カレにはちょっとつまらないって思われているかもね……。そろそろかけひきをおぼえてもいいんじゃない？

い 見習い小悪魔

あなたはふだんから好きなカレにワガママを言って、困らせているはずよ。ちょっと素直じゃないけれど、そんな恋愛表現をカレはかわいいと思っているみたい。男ごころをくすぐる、ちょうどいい小悪魔ちゃんね。

う もうすぐ小悪魔

あなたはときどき、わざと男の子をふりまわすようなことを言ったりするでしょ。しかも、それも自分の魅力のひとつだってわかってやっているようね。将来は、魔性の女になっちゃうかもね！

え 一人前の小悪魔

自然と恋のかけひきを知りつくしているあなた。出会った男の人はあなたにメロメロになっちゃうみたいね。あなたの友だちはみんな、そのテクニックを知りたがっているはず。もったいぶらずに教えてあげたら？

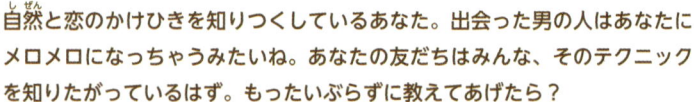

ドキドキ おまじない

気になるカレのこと、もっと知りたい!　そんなあなたになかよくなるきっかけをつくるおまじないを紹介しちゃうよ。

カレと目が合うようになる

おまじない

黄色い花の写真を用意して。写真のうらにカレの名前を書いてハートで囲み、毎晩「なかよくなれますように」とおいのりをして。ふとしたときに、カレとしせんが合うようになるよ。

ぐうぜんカレと出会える

おまじない

きれいに洗った500円玉を太陽の光が当たる場所で赤い布に包んで、赤い糸できっちりしばって。かばんやポケットに入れて持ち歩くと、街中でぐうぜんカレと出会えるよ。

カレと同じグループになれる

よく洗った10円玉を紙の下に置いたら、青えんぴつで10円玉の上をぬって形を写しとって。それを3回くりかえした紙を小さく折ってペンケースの中に入れておくと、カレと同じグループになれるよ。

カレととなりの席になれる

手をよく洗ってから、カレの席のイスに指で○を書いて。その後に自分の席のイスに△を書いて。そうすると席同士がひかれあってとなりの席になれるよ。

カレのイス　自分のイス

カレから話しかけてもらえる

手の甲の小指のつけねに数字の0を書いて。だれにも見つからないように1週間すごすと、カレから話しかけてくれるようになるよ。

パート 4

気になる ★ 男の子診断

男の子の好きなタイプや
ホンネをチェック！
気になるカレにもっと近づいちゃお♥

ホワ〜〜ン

たしかに…

ホワンとしてて
読みとれないよね…

はっ

心理テスト

たしか男の子のことが
わかる心理テストも
あったはず!!

テスト 68 ★ カレのペンケースをチェック！

気になるカレのペンケースをチェックして。中はどうなってる？

こっそり
チェック！

あ たくさん入っている

い きれいに整理されている

ぐちゃ〜

う ぐちゃぐちゃに入っている

え ちょっとしか入っていない

ぐちゃっ

ゆうくん
ぐちゃぐちゃだったよ

え！
イメージと
ちがう…

診断
68

このテストでわかるのは…

好きな子にどんな態度をとる？

あ を選んだ子は… おしゃべりになる

ペンケースにたくさん入っているカレは、好きな子にいっぱい話しかけようとするよ。あいさつしたり、いろいろと聞いてきたり。すごく楽しそうに話すから、みんなにバレバレかも。でも、カレは全然気にしてないみたいだね。

い を選んだ子は… いつもよりきんちょうぎみに

ペンケースがきれいに整理されているカレは、好きな子の前だと礼儀正しくなるよ。朝と帰りのあいさつを欠かさなかったり、プリントをていねいにわたしたり。いいところを見せようとはりきるけど、からまわりしてドジをしちゃうことも。

う を選んだ子は… 態度が変わらずわかりにくい

ペンケースの中がぐちゃぐちゃなカレは、好きな子にもふつうの態度をとるからわかりにくいかもね。でもそれはだれに対しても素直に接しているということ。だから好きな子には自然にほめ言葉が多くなるよ。ちょっと照れるけど、素直に受け取ってOK。

え を選んだ子は… 乱暴な言葉づかいになる

ペンケースの中にちょっとしか入っていないカレは、好きな子の前ではちょっと乱暴な言葉づかいになりそうだよ。実ははずかしくて、わざとそんなこと言っちゃうみたい。もし、あなたがそうされても悲しまないで、逆によろこんでいいよ。

楽しそうね…

でも男の子の気持ち
なんて知らないほうが
いいんじゃな〜い？

男の子だってきっと
ウラの顔がある…

ホーホホ…
ホーホホッ

それを知ってもまだ好きで
いられるかしら──

ん？　男の子に答えて
もらう心理テストも
ある…

はるとー！
ちょっと来てー！

こわいもの
なしね…

194

こっそりチェック！

テスト
69

休み時間のカレの行動は？

気になるカレの休み時間の行動をチェックしてみて。
カレはどうしていることが多い？

う ひとりでぼーっと
している

あ 自分のまわりに
友だちがきて
しゃべっている

え 机で寝ている

い 友だちの近くへ
行って遊んでいる

テスト結果は次のページ ➡

このテストでわかるのは…
カレの恋愛成長度

恋人をつくれるレベル

自分のまわりに友だちがきてしゃべっているカレは、恋愛についてすごく成長しているみたい。好きな子には照れずにやさしくできるし、心の中ではカノジョがほしいなんて思ってそうだよ。今のうちになかよくなって、カノジョこうほに入れてもらお！

恋にあこがれているレベル

友だちの近くへ行って遊んでいるカレは、恋愛についてまあまあ成長しているみたい。気になる女の子はいるけど、ほかの女の子にやさしくされたらすぐ好きになっちゃうかも。カレが困っていたら、チャンスと思って助けてあげて！

友情と恋の区別がつかないレベル

ひとりでぼーっとしているカレは、恋愛についてまだまだ成長途中みたい。好きな女の子はいるけど、友だちとして好きって感じ。でも、もう少ししたら本気で恋愛に興味を持ちそうだから、今は友だちとしてなかよくなっておいたら？

恋愛に興味がないレベル

机で寝ているカレは、恋愛についてぜんぜん成長していないみたい。女の子にやさしくされても、特別なことはなにも思わないかもね。告白するのは、もうすこしカレが成長するのを待ってからのほうがよさそうだよ。

こっそりチェック！

テスト **70**

お昼ごはんの食べ方は？

お昼ごはんの時間に
気になるカレのようすをチェックしてみて。
カレはどんな食べ方をしている？

あ 姿勢よく食べる

い 前かがみで食べる

う ひじをはって食べる

え よそ見しながら食べる

テスト結果は次のページ➡ 197

診断70 カレの好きな子へのアピール法

あ 目を見て話す

姿勢よく食べるカレは、好きな女の子のことはじっと見つめるタイプ。話すときも目をそらさずに話すから、ちょっと照れちゃいそう。よく目が合うなと思ったら、カレがあなたを気にしている証拠だよ。

い リアクションが大きい

前かがみで食べるカレは、好きな子の前だと楽しませようとしてリアクションが大きくなっちゃうみたい。あなたと話しているとき、大げさに驚いたりしたらかなりいいサイン。一気になかよくなっちゃお！

う やさしくする

ひじをはって食べるカレは、好きな子にはとことんやさしくしてくれるよ。ほかの友だちよりやさしくしてくれたら、かなりあなたのことが好きかもね。自分からやさしくしてあげると、もっとなかよくなれるかも。

え 話しかける

よそ見しながら食べるカレは、好きな子にはとにかく話しかけて自分をアピール。用があるわけでもないのにおしゃべりしてきたらチャンスかも。楽しそうにしながら、カレの話をちゃんと最後まで聞いてあげてね。

こっそりチェック！

テスト 71 授業中にあてられたらどうする？

授業中、先生にあてられたときのカレを
チェックしてみて。カレはどんな態度をとるかな？

あ 元気よく返事する　　**い** イヤだな〜という顔をする

う きんちょうした顔になる　　**え** いつもと同じ

このテストでわかるのは…

診断 71 カレが女の子に ドキッとするポイント

あ かわいい笑顔にドキ

カレは笑顔に弱いみたい。カレと話すときに笑顔でいるよう心がければ、あなたをどんどん好きになっちゃって、今まで見たことのないカレが見られるかもね。

い プレゼントをもらうとドキ

カレはお菓子や文房具など、ちょっとしたものをもらうだけで、その子のことを意識しちゃうみたい。カレの誕生日には、なにかプレゼントをしてみてもいいかも！

う 名前をよばれるとドキ

女の子に自分の名前をよばれると、ドキドキしちゃうカレ。話しているとき、ふざけた感じでカレの下の名前をよんでみよう。カレとのきょりがいっきに縮まるよ。

え 手がちょっとふれるとドキ

カレはボディタッチに弱いみたい。プリントをわたすときとか、ちょっと手がふれたりすると、相手のことを意識しちゃうよ。さりげなく接近してアピールしちゃお！

テスト72

カレの持ち物をチェックしよう！

気になるカレの持ち物をチェックしてみて！
いちばん多い色はなに？

 赤色　　 青色

 緑色　　 黒色

テスト結果は次のページ ➡

診断72 カレにぴったりの告白方法

あ 手紙で告白

「赤色」の持ち物が多いカレは、じっくりと考えたいタイプ。それには、会って話すより手紙がベスト。自分の気持ちを手紙にまとめてわたして。勇気がなければ机やかばんにそっと入れておいてもいいよ。

い ふたりっきりで告白

「青色」の持ち物が多いカレは、情熱的なアタックに弱いタイプ。そんなカレには、ちょくせつ告白するとうまくいきそう。かがみの前で何度も練習して、思いきって告白しちゃおう！

う　友だちと告白

「緑色」の持ち物が多いカレは、ふたりっきりだときんちょうしちゃうタイプみたい。告白するときは、いっしょに友だちにも来てもらって！　友だちにしゃべってもらったら、カレもきんちょうしないで告白を聞いてくれそうよ。

え　メールや電話で告白

「黒色」の持ち物が多いカレは、意外にへそまがりで、面と向かうと本心とはちがうことを言いたくなるタイプ。だけど、メールや電話だと素直になるみたい。とてもはずかしがりやさんなのね。

テスト 73 ねこのおせわは大変！

公園で捨てられた黒ねこを見つけたあなた。
家につれて帰ってみたけど……。
質問に答えながら読んでいって。
Ⓐ～Ⓒのなにを選んだかおぼえていてね！

Q1 まずおふろできれいに洗ってあげることに。
よごれを落としたら、なんと黒じゃなかった！
さて、本当はどんな色だった？

 Ⓐ 白　Ⓑ 茶色　Ⓒ 白と黒

Q2 よく見ると首輪が
ついていたよ。
どんな首輪？

Ⓐ シンプルな首輪

Ⓑ ハデな首輪

Ⓒ かわいい首輪

 **自分の部屋につれて行ったら、大あばれして物をこわしちゃった！さて、なにをこわしたと思う？**

 時計　　 テレビ　　© ぬいぐるみ

 **大さわぎしている音を聞きつけて、家族が見にきたよ。そのときのねこの反応は？**

 家族をひっかいた

 ものかげにかくれた

 おどろいてオシッコをした

 **家族といっしょにごはんを食べることに。いろいろ食べさせてみたけど、いちばんおいしそうに食べたのはどれだった？**

 ごはん

 サラダ

 肉

診断 73

カレがあなたをどう思っているか

診断のしかた

各質問で選んだ A ～ C の点数を足していって。合計点数からあなたのタイプがわかるよ。

	A	B	C
Q1	3	0	1
Q2	1	0	3
Q3	1	3	0
Q4	0	1	3
Q5	0	3	1

12 ～ 15 点 ➡	タイプ 1
8 ～ 11 点 ➡	タイプ 2
4 ～ 7 点 ➡	タイプ 3
0 ～ 3 点 ➡	タイプ 4

 恋人こうほ

カレはあなたとつきあいたいって思っているわ。でも、はずかしがりやさんで告白できないみたい。カレの勇気を待つのもいいけど、あなたから言ってもいいのよ。

  親友

カレはあなたを、信頼できる親友と思っているわ。でも、ふとしたときに恋愛感情を持つこともありそう。カレがときめくことをしてみたら恋愛対象になるかも！

  友だち

カレはあなたを、友だちのひとりだと思っているわ。もうすこしなかよくなれば、あなたに恋愛感情を持つかも。すこしずつきょりを縮めていく努力がひつようね。

 ただのクラスメイト

カレはあなたのことをただのクラスメイトだと思っているわ。でも、それはあなたのことをよく知らないから。積極的に話しかけて、カレとなかよくなることがたいせつよ！

テスト74

直線を1本ひいてみて！

カレにやってもらってね。
下の円の絵に1本だけ直線をひいて、
円を半分に分けてみて!

このテストでわかるのは…

診断 74

今、カレに告白したときの成功率

たてに
線をひく

成功率はやや低め

今、カレは告白される心の準備ができていないみたい。ほかにやりたいことがあってそれに集中したいと思っているのかも。ちょっとタイミングをずらしてみたら？

横に
線をひく

成功率はやや高め

今、カレは告白されるのはうれしいけど、みんなに知られるのがはずかしいって感じ。放課後、だれにも見つからないような場所で、告白すればうまくいくかも！

左上から
ななめに線をひく

成功率は高め

今、カレは「つきあってもいいかな」と思っているわ。でも、自分からあなたに告白する気持ちでいるみたい。カレが言いやすいふんいきをあなたが作ってみて！

右上から
ななめに線をひく

成功率は 100%

今、カレは告白されたら即 OK するつもりでいるわ。カレとふたりきりになれるチャンスを作って思いきって告白してみて！　きっとうまくいくから勇気を出してがんばって。

あてはまるのは いくつ？

カレに聞いてね!
下の質問（しつもん）を読んで、あてはまるものに○をつけて。
あまり考えずに答えてね。

☐ 声が大きい

☐ 人と話すとき、
　自分ばかりしゃべっている

☐ 早（はや）く大人になりたい

☐ 今、塾（じゅく）か習いごとに通っている

☐ 時間には正確（せいかく）なほうだ

☐ ニュース番組をよく見る

☐ 朝、決まった時間に起きられる

☐ 整理整とんが得意（とくい）

☐ おおぜいの友だちとさわぐのが好き

☐ 自分に合うヘアスタイルを知っている

テスト結果（けっか）は次（つぎ）のページ ➡

診断75 カレが好きな女の子のタイプ

◉の数が
9・10個

カレが好きなのは、どんなときも自分の意見が言える大人っぽい女の子。まわりに流されず、しっかりした考えを持っていると、カレのストライクゾーンに入ってくるよ。

◉の数が
7・8個

カレが好きなのは、話題が豊富な、頭のいい子。カレが話すことに、ついてこれない子はイヤみたいよ。話題にびんかんになる努力をしないとすぐにカレと合わなくなっちゃうかも！

⊙の数が
4～6個

カレが好きなのは、気配り上手でめんどう見がいい子。お姉さんみたいな女の子に甘えてみたいと思っているみたい。カレのめんどうを見てあげると好感度がアップするかもね。

⊙の数が
2・3個

カレが好きなのは、おこったりせかしたりしないのんびりした子。いっしょにいてほのぼのできる女の子と恋愛がしたいと思っているみたいよ。大らかな気持ちで接してね。

⊙の数が
0・1個

カレが好きなのは、元気で明るい女の子。女の子とはふざけ合える楽しい関係が好きみたいよ。カレと話すときは、いつも笑っているとカレの中であなたの存在感がアップするわ！

テスト 76

あてはまるのは どっち？

これからいくつか質問するよ。
あてはまるほうにすすんでね。カレにやってもらってね！

スタート

友だちと映画を
見るなら？

アニメ映画 ➡ 1 へ

アクション映画 ➡ 4 へ

1

ほかの人にはわかって
もらえない趣味がある？

はい ➡ 3 へ

いいえ ➡ 2 へ

2

電話をするのが
好き？

はい ➡ 8 へ

いいえ ➡ 7 へ

3

クラスを代表して発表。
そのときの気持ちは？

がんばらなきゃ！ ➡ 6 へ

やりたくないな～ ➡ 7 へ

こっそり
カレの本性にせまっちゃおう！

4

ごはんを食べるのが早い？

はい ➡ **2** へ

いいえ ➡ **5** へ

5

生まれ変わるなら？

男の子 ➡ **2** へ

女の子 ➡ **8** へ

6

きれいな夕焼けを見るとどうなる？

感動する ➡ 診断 へ

さびしくなる ➡ 診断 **B** へ

7

はじめて会った人とおしゃべりするなら？

自分の話 ➡ 診断 **B** へ

相手の話 ➡ 診断 **C** へ

8

人にものを教えるのが得意？

はい ➡ 診断 **C** へ

いいえ ➡ 診断 **D** へ

診断76 つきあったあとのカレの変化

A おこりっぽくなる

カレは、つきあったらおこりっぽくなるわ。でも、それはあなたの気持ちが理解できなくてイライラするから。あなたの気持ちを言葉で伝えてあげれば、カレは安心しておこらなくなるはずよ！

B そっけなくなる

カレは、つきあったらそっけなくなるわ。あなたは不安に感じちゃうかもしれないけれど、カレははずかしがっているだけみたい。気持ちを押しつけるんじゃなくて、カレの気持ちもわかってあげてね！

C やさしくなる

カレは、つきあったらもっとやさしくなるみたい。「恋人ができたのがうれしくてたまらない！」って感じるのね。あなたもカレに対してやさしくすれば、ラブラブな関係が長続きするよ。

D 甘えんぼうになる

カレは、つきあったら甘えたがるみたいよ。人前でもかまわずベタベタくっついてきたり……。つきあう前とのギャップにちょっとびっくりしちゃうかも。度がすぎたら注意するのも愛情よ。

カレに聞いてね！

テスト **77**

ボールを持っているのはだれ？

夜中にテレビをつけたらサッカーを放送していたよ。
ボールはだれが持っていた？　カレに聞いてね！

 **あ** フォワード

 **い** ミッドフィルダー

 **う** ディフェンダー

え ゴールキーパー

 **お** 審判（しんぱん）

テスト結果（けっか）は次（つぎ）のページ ➡

カレの本性！

あ わがまま

「フォワード」を選んだカレは、自分につごうよく考えちゃうわがままな性格。イヤなことはパスっていうジコチューな考えの持ち主ね。あなたがちょっと大人になってあげるとうまくなかよくなれるよ。

い 計算高い

「ミッドフィルダー」を選んだカレは、むだなことや損なことはしたくない計算高い性格。おいしいとこだけほしいっていう、ちょっとずるいタイプだから気をつけて。すこしきょりを置いて接してね。

う 責任感が強い

「ディフェンダー」を選んだカレは、なんでもきっちりやる責任感が強い性格。意外にたくましいから、きつい場面でも弱音をはかないでがんばるみたい。いざというとき、すごく頼りになるから安心ね。

え 落ちこみやすい

「ゴールキーパー」を選んだカレは、すぐにわるいほうへ考えて落ちこむ性格。みんなといっしょのときはいいけど、ひとりになったらウジウジしてそうね。あなたまで暗くならないよう、明るくつとめて。

お さびしがりや

「審判」を選んだカレは、ほかの人と同じことをするのがイヤな性格。自分だけちがうことをして、いつも注目してもらいたい、実はさびしがりやなのかも。いつもカレのそばにいてあげるとよろこぶはず。

大きなしんじゅが入っている貝

カレに聞いてね！　この中にひとつだけ、
大きなしんじゅが入った貝があるよ。
それはどれ？

あ　派手な貝

い　もようがある貝

う　大きな貝

え　ひびわれた貝

テスト結果は次のページ ➡ 217

カレのエッチ度をチェック！

あ　超エッチ

「派手な貝」を選んだカレは、エッチなことに興味しんしん！　友だちとエッチな話をするのも好きみたい。カレとつきあったら、あなたまでエッチになっちゃうかもしれないね☆

い　かくれエッチ

「もようがある貝」を選んだカレは、けっこうエッチ。実は、部屋にはエッチな本がたくさんあって、ムッツリスケベなのかも!?　つきあったらカレのエッチなところも見れるかもね。

う　まあまあエッチ

「大きな貝」を選んだカレは、ふつうの男の子なみにエッチ。友だちとエッチな話をしたりするのは好きだけど、今は女の子となかよくなりたいって気持ちのほうが強いみたいね。

え　あまり興味がない

「ひびわれた貝」を選んだカレは、今はエッチなことにあまり興味がないみたい。ゲームとか、ほかのことに熱中しているようね。でも女の子に関心が向いたら、わからないわよ〜。

どこがいたい？

カレに聞いてみて！　おふろに入ったら、
とつぜん体の一部がいたくなったよ。
それはどこの部分？

 首　 せなか　 うで　 指

テスト結果は次のページ ➡

219

このテストでわかるのは…

診断79

カレが女の子に げんめつするとき

 あ　ノリが悪い

「首」を選んだカレは、ノリが悪い女の子にげんめつしちゃうみたい。きっと、女の子とはいつもいっしょに盛り上がりたいって気持ちが強いのね。ちょっと落ちこむことがあっても、カレの前ではいつも元気でいるように心がけて！

 い　思いやりがない

「せなか」を選んだカレは、思いやりがない行動をする女の子にげんめつしちゃうみたい。「女の子はやさしくなきゃ！」って考えているのかしら。カレが忘れ物をしたときには、積極的にかしてあげるとよろこんじゃうかも。

 う　ワガママ

「うで」を選んだカレは、ワガママな女の子にげんめつしちゃうみたい。子どもっぽい女の子といっしょにいるのがイヤなようね。カレの前では、すこし大人ぶって、子どもっぽいワガママは言わないように気をつけて。

 え　だらしない

「指」を選んだカレは、身のまわりがきたない女の子にげんめつしちゃうかも。女の子にはきれい好きでいてほしいみたい。女の子への理想が高いのかもね。いつも身のまわりをきれいにしておくことがたいせつよ。

カレに聞いてね！

テスト 80

おばけが追いかけてきた！

すっごくこわいおばけやしきがあるんだって。
追いかけられたおばけの数は
どれくらいだと思う？　カレに聞いてね！

 10～50　　 51～100

 101～200　　 201 以上

テスト結果は次のページ ➡

カレのマザコン度

あ マザコン度 20%

お母さんのことはきらいじゃないけど、もうなかよくするのはかっこわるいって思っているカレ。意外と精神的に大人なのかも。カレと話すときはお母さんの話はしないで、大人あつかいしてあげたほうがよさそうだね。

い マザコン度 50%

カレはお母さんとふつうに話すし、お手伝いとかもしているみたいだよ。でも、ひとりでいたいときもあるし、大事なことは自分で決めたいと思っていて、お母さんに頼ることはしないみたい。ちょうどいい関係かもね。

う マザコン度 80%

カレ自身は「お母さんとは別になかがよくない」と思っているけど、実際は朝起こしてもらったり、学校の用意をしてもらったり、なにかと手伝ってもらっているみたい。それを当たり前と思っていて、意外と子どもっぽいところがあるよ。

え マザコン度 100%

学校ではかっこつけているカレだけど、家の中ではお母さんにべったりみたい。お母さんがいないとなにもできないかもね。実はお母さんの話をするのが好きみたいだから、さりげなく聞いてみるといいよ。

カレに聞いてね！

テスト **81**

もしも鳥になったら…

カレに聞いて！　鳥になったとしたら
空から見てみたいのはどこ？

 広い海

 火をふく火山

 どこまでも続く森

 ビルがならぶ大都市

テスト結果は次のページ ➡ 223

このテストでわかるのは…

診断 81 大人になったカレは？

あ みんなに好かれる人気者

大人になったカレは、どこにいても人気者になるみたい。もしかしたらテレビに出る人になるかも。実はカレもそうなりたいって思っているから、応援してあげてね。

い すごいことをするかも!?

大人になったカレは、ほかの人にはできない冒険をしたり、スポーツですごい成績を残したりしそう。今のうちにサインをもらっておいたら、いつか自慢できるかも！

う 自由気ままに生活

大人になったカレは、自然に囲まれた静かな場所で、好きなことをして暮らしそう。そこで絵を描いたり彫刻を彫ったりして、驚くような芸術分野の才能を開花させるかも。

え 仕事でトップに!?

大人になったカレは、仕事でかつやくして最終的に社長になるかも。コツコツ努力する人だから、今も勉強をがんばっているんじゃない？結婚すれば理想の旦那さんになるよ。

テスト82

カレとふたりでやってみてね

恋の相性診断

あなたとカレの相性をさぐっちゃうよ。
次のページの質問に答えていくと、ふたりの本当の
相性がわかるわ。あなた用とカレ用のふたつの
テストがあるから、間違えないでね。

計算表

次のページのテストで選んだ答えは、この表を見て点数になおして。点数をすべて足した合計点数で自分とカレのタイプを出したら、診断ページへすすんでね。自分とカレ、それぞれ計算してね。

	a	b	c
Q1	1	3	5
Q2	3	1	5
Q3	1	5	3
Q4	5	3	1
Q5	3	5	1

21〜25点 ➡ A
15〜20点 ➡ B
10〜14点 ➡ C
5〜9点 ➡ D

テストは次のページ ➡

女の子用テスト

それぞれの絵を見て、なにに見えるか ⓐ ⓑ ⓒ から選んでね。

Q1  ⓐ 田んぼ　ⓑ 窓（まど）　ⓒ オセロ

Q2  ⓐ こんぺいとう　ⓑ 歯車　ⓒ タイヤ

Q3  ⓐ 薬　ⓑ スイッチ　ⓒ スリッパ

Q4  ⓐ はさみ　ⓑ 帽子（ぼうし）　ⓒ ねずみ

Q5 ⓐ あわ　ⓑ わたあめ　ⓒ 雲

それぞれの絵を見て、
なにに見えるか
ⓐⓑⓒから選んでね。

Q1 ○ ⓐ お皿　ⓑ 月　ⓒ まんじゅう

Q2 ▱ ⓐ おりがみ　ⓑ 手裏剣（しゅりけん）　ⓒ クッション

Q3 ◣ ⓐ 三角定規（じょうぎ）　ⓑ ちりとり　ⓒ 彫刻刀（ちょうこくとう）

Q4 ⑂ ⓐ メガホン　ⓑ 花瓶（かびん）　ⓒ コップ

Q5 ⊔ ⓐ どんぶり　ⓑ 口　ⓒ ポケット

テスト結果は次（つぎ）のページ ➡ 227

相性結果 82 あなたとカレの相性は？

あなたとカレ、それぞれのタイプがこうさするマークをさがして。見つけたら相性診断へ GO！

自分＼カレ	A	B	C	D
A	♠	♣	♦	♥
B	♣	♥	♠	♦
C	♦	♣	♥	♣
D	♥	♦	♣	♦

 **バツグン！**

あなたたちの相性はとてもいいようね！　いっしょにいるとすごく落ちつくし、むだなケンカもしないはず。ふたりともおたがいが運命の人って思っているから、これからもずっとなかよくいれるはずだよ！

 **よい**

あなたたちの相性はバランスがとれているみたいね。おたがい相手の意見に共感できて、ほかの人たちからも、おにあいのカップルって思われてそうよ。いっしょにいる時間を増やすと、もっとなかよくなれるはず。

 **まあまあ**

あなたたちはいっしょにいると、おたがいきんちょうしちゃうみたいね。友だちといるときみたいに楽しく、自由にふるまえば、今よりももっと打ちとけられるはずよ。あなたがリードして、カレとなかよくなってね。

 **いまいち**

あなたたちの相性はなかのよい友だちレベル。だけど、それはあくまでも今の状態よ。これからふたりで遊びに行ったりして思い出を作れば、相性がよくなるわ。あまり気にしないで、楽しむのがいちばんよ！

ドキドキ おまじない

大好きなカレと両想いになりたい！
そんなあなたにぴったりのおまじないを教えちゃう。

あなたの存在感を アップさせる

おまじない

カレの背中に向けて目で自分の名前を書くと、カレの中であなたの存在感がアップ！
なるべく近くでやったほうが効果があるよ。

じろ
じろ

わたしの気持ちに気づいて

あなたの気持ちに 気づいてくれる

おまじない

学校や塾などカレに会える場所まで行くときは、全部のまがり角で「わたしの気持ちに気づいて」と心でねんじて。カレがあなたの気持ちに気づいてくれるようになるよ。

カレの気持ちが
あなたにかたむく

おまじない

新しい刃を入れたカッターを部屋の東に置いて「われに追い風を」と毎晩おふろあがりにとなえて。ほかの子に向いていたカレの気持ちがあなたにかたむくよ。

われに追い風を!!

恋人こうほに
なれる

おまじない

あなたが持っているアクセサリーをカレの持ち物に1分間タッチさせて。それを、カレに見えるように身につけているとカレがあなたを恋人こうほにしてくれるよ。

1分間タッチ

カレが
告白してくれる

おまじない

満月の夜、一度ふっとうさせてさました水をとうめいなコップに入れて。月明りに3分てらしたあと、「○○くん、大好き」ととなえながらその水で両手を洗うと、カレが告白してくれるようになるよ。

○○君、だいすき

3分

パート5

未来の自分 ☆ 予想テスト

将来はなにになる？
どんな恋愛を
するのかな…?
未来の自分を
のぞいてみよう！

もうすぐ
中学生だねー

卒業文集にのせる作文
たしか『将来の夢』だった
よね？

作文のテーマ
『将来の夢』

ふたりは
もう決めた？

わたしは医者に
なりたいな

わたしは
パティシエ〜

う〜ん…

わたしは…

キーン
コーン
カーン…

サヤに
ぴったり！

マイカは
お菓子づくり
上手だもんね〜！

チャイムだ！
またあとで！

放課後

うーーーーーん…

ちょ…ちょっと
どうしたの？

どうしよう～！

将来なりたいものが
決まらないよー！

ふたりはどうやって
決めたの !?

こころ！

心理テスト

そんなときこそ
これでしょ !!

テスト83　どの鳥を飼ってみたい？

学校で鳥を飼うことになったよ。
あなたならどの鳥を選ぶ？

- あ オウム
- い ニワトリ
- う ハト
- え フクロウ

ハト…かな！

しあわせ運んでくれとうだよね！！

このテストでわかるのは…

あなたのかくれた才能

あ を選んだ子は… 流行に敏感！

世の中の流行はいち早くキャッチできるし、いいと思ったことはすぐ取り入れて自分のものにできる人だね。器用なタイプだから、将来は芸能関係やファッションのお仕事が向いているかも。

い を選んだ子は… 片づけが得意！

あなたは、物事を整理する能力が高いみたい。たとえば、お部屋も自分が使いやすいように上手に片づけられるはず。将来は収納やインテリア関係のお仕事なら、その才能を生かせるよ。

う を選んだ子は… だれとでもなかよくなれる！

あなたの才能は、すぐに人と打ちとけて話せること。はじめて会った人でもあなたなら心をゆるしてくれそう。その能力を見込まれてリーダーになることもよくあるみたい。将来は会話力が生かせる仕事がベスト！

え を選んだ子は… 記憶力ばつぐん！

あなたはズバ抜けた記憶力の持ち主みたい。本気を出したらすごい力を出せるから、専門知識が必要な医療関係の仕事や、研究者にもなれるかも。勉強にかぎらずいろいろなことを覚えると将来役に立つよ。

テスト 84 長いはしでつかんでみよう

長いおはしで、小さいものをつかむことにチャレンジ！
いちばんかんたんにつかめたものはどれ？

あ えんぴつ

い ポイントカード

う ティッシュペーパー

え ピンポンだま

パート5 未来の自分★予想テスト

テスト結果は次のページ➡

このテストでわかるのは…
診断 84 能力アップのポイント

あ 細かいところに注意する

あなたには少し大ざっぱなところがありそうよ。もっと細かいところまで気を配れるようになると、あなたの能力はグッとアップするみたい。いつもはスルーしてしまいそうなところにこそ注目してみると、大事なヒントがあるはず。

い コツコツなにかを続ける

あなたは、毎日なにかを続けることで能力アップできるみたい。ちょっと飽きっぽかったり、イヤなことがあるとやめちゃったりしているんじゃない？ スポーツでも勉強でも家のお手伝いでも、ちょっとしたことでいいから毎日続けてみて。すごく成長できるはずだよ。

う 人のアドバイスを聞く

あなたが能力アップするには、人のアドバイスを聞くことが大事。意志が強いあなたは、自分の思いどおりに行動しようとするけど、人から言われたこともめんどくさがらずちゃんと聞いて、覚えておいて。あとで思わぬところで生かせそうだよ。

え ひらめきを大事にする

あなたには鋭い直感力がありそう。その直感力を信じることが能力アップにつながるよ。大事なことを決めるときには、ずっと考えてきたことよりそのとき思いついたことに注目してみて。アイデアが豊富なあなただから、きっとうまくいくはず。

テスト **85**

飛行機の中で食べるおやつは?

これから海外へ行くあなた。
飛行機の中で食べるおやつは、なにがいい?

 **あ** ポテトチップス

 **い** おせんべい

う チョコクッキー

え マドレーヌ

テスト結果は次のページ ➡ **239**

パワーアップできる習いごと

あ　水泳

考えすぎちゃうあなたは、体を動かすと頭がスッキリして考えごともまとまるよ。とくに五感を刺激する水泳は◎。水の中で泳いでいるうちに大事なことを思いつくこともありそう。

い　書道

ちょっと落ちつきがないあなたは、書道で集中力をきたえるといいよ。今まで苦手だったこと、できなかったことが、かんたんにできるようになるかも。じっくり取りくんでみて。

う　ダンス

むずかしいことほどやる気が出るあなたは、努力の成果が目に見えてわかるダンスがおすすめ。むずかしいダンスがおどれるようになるまでがんばると、ひと皮むけそう！

え　ピアノ

自分にあまり自信がないあなたは、まずはピアノをはじめてみるといいよ。人前で堂々とひけるようになったら自信もつくし、心をゆたかにしてくれるよ。自分のペースでチャレンジしてみてね。

240

テスト86

実がついたのは どの季節？

ひろった種を庭に植えたら、すごくおいしそうな実がなったよ。それはいつ？

- あ　春
- い　夏
- う　秋
- え　冬

テスト結果は次のページ➡ **241**

このテストでわかるのは…

才能が開花する 年齢

あ

10代

あなたの才能が開花するのは10代のころ。もしかしたら、もう才能がすこし開花しているかもしれないよ。今、あなたが好きなことや得意なことがあったら、それに思いきり打ちこんでみて。

い

20代

あなたの才能が開花するのは20代のころ。社会に出てすぐかつやくできちゃうかも。なにかひらめいたら、経験がすくないから……と弱気にならず、自分を信じてすすんでみて。きっとうまくいくよ。

う

30代

あなたの才能が開花するのは30代のころ。仕事を変えたり、結婚したり、生活の変化がキッカケで趣味を生かした才能が目覚める可能性があるよ。料理や手芸など、天才主婦として有名になったりして!?

え

40代

あなたの才能が開花するのは40代のころ。もう子どもがいるころかもね。子育てしながらコツコツ続けたことが実を結びそう。小説家としてデビューしたり、ドラマの脚本家として売れっ子になるかも。

テスト87
新しい家で新しく買いたいものはなに?

引っ越しをすることになったよ。
家にあるものの中でひとつだけ
買いかえることになったけど、それはなに?

 テレビ　 エアコン　 冷蔵庫

 パソコン　 掃除機　 時計

テスト結果は次のページ ➡ 243

診断87

向いているお仕事

あ　イラストレーター

想像力がゆたかなあなた。みんながかわいい！と感じるものや、見てみたい！と思うものを形にするのも得意だから、イラストレーターがぴったり。きっと今も絵を描くのが好きなんじゃないかな。

い　お医者さん

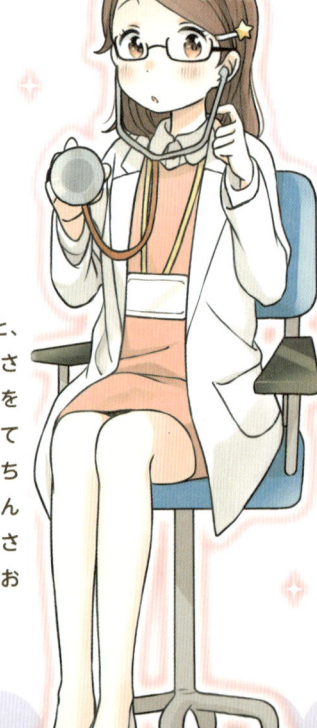

困っている人がいると、つい助けたくなるやさしいあなたには、人をケアする仕事が向いているよ。人の役に立ちたい気持ちをいちばんに、病気の人をたくさん治してあげられるお医者さんになれそう。

パティシエール

ズバリ！ 食べることが大好きなあなた。あなたが食べたいって思うスイーツを作るだけで、みんなをよろこばせることができそうだよ。だれも思いつかなかった新しいスイーツを考えてみて。

アナウンサー

とても大人っぽくてしっかりしているあなたは、わかりやすく話す力が必要な、アナウンサーが向いているよ。持ち前の明るい笑顔（えがお）で、えらい人やたくさんの人の前でも、堂々（どうどう）としゃべれそうだね。

次のページにも続くよ➡

 保育士

めんどうみがよくて小さい子が大好きなあなたは、保育士がぴったり。みんなにひっぱりだこの、大人気の保育士さんになりそうだよ。たくさんの子どもたちといっしょに、毎日楽しくすごせそう。

か 飼育員

なんでもじっくり打ちこめるあなたは、動物園や水族館の飼育員が向いているみたい。動物たちのちょっとした変化にすぐ気づいてあげられる、いい飼育員になれるよ。

バスの座席はどこ?

今日はクラスみんなでバスに乗ってとおくの街へ。
席はどこにすわる?

い いちばん後ろ

う 真ん中

あ いちばん前

テスト結果は次のページ➡

診断88 どんなポジションで輝くか

あ リーダー

なにをするときも先頭に立ってがんばろうとする気持ちの強さを持っているあなたには、きっとみんなもあとについてきてくれるはず。でも、だからこそ困ったときはみんなに助けてもらえるキャラでもあるみたいね。

い 盛り上げ役

あなたは、みんなをひっぱるというより、みんなの中心に立って、やる気やムードをアップさせようとはりきるタイプだよ。みんなの気持ちをまとめるのがうまいあなたにぴったりの役目かもね。

う サポート

自分が表に出るよりも、みんなが気持ちよく動けるようにがんばるほうが、やりがいを感じるんじゃない？　気配り上手で観察力もあるあなたは、名サポーターとしてみんなからすごく必要とされるよ！

テスト89　石はなにに　あたった？

川に石を投げて遊んでいたら、なにかに
あたっちゃった！ それはなに？

あ　向こう岸の木

い　川にかかる橋

う　川べりのゴミ箱

え　近くの外灯

テスト結果は次のページ➡

将来 どこまで出世する？

あ 大きな会社の社長

あなたは将来、大きな会社の社長にまで出世しそう。どうせやるなら目標は高く！って思ってない？だれも考えつかないような大きな夢を描けるあなたに、たくさんの人が協力したいと集まってくれそうだよ。責任は重大だけど、リッチな生活も夢じゃないかも！

い 小さな会社の社長

あなたは将来、小さな会社の社長になりそう。自分のやりたいことがはっきりしているタイプだから、大きな会社にいるよりも自分の会社をつくって好きなことに挑戦したいと思うみたい。会社を大きくするよりも、やりたい仕事に専念したほうがうまくいくよ。

う 会社のグループリーダー

あなたは将来、会社の中でひとつのグループをまとめるリーダーとしてかつやくしそう。仕事も遊びもバランスよく楽しめるあなたは、きっとたくさんの部下から「あの先輩のようになりたい」と思われる、あこがれの存在になるよ。望めばどんどん出世できそう！

え 出世に興味なし

あなたは、出世に興味がないタイプ。人生楽しく！って思っているから、仕事よりも趣味や恋愛のほうに一生懸命になりそうだね。でも、そのマイペースで明るい性格で、職場ではいつも人気者。ムードメーカーとして、なくてはならない存在になっちゃうかも。

テスト 90 箱の中はなに？

港で船から荷物をおろしているよ。
箱の中にはなにが入っていると思う？

 食べ物　 服　 雑貨　 動物

テスト結果は次のページ ➡

あなたが結婚するまでに つきあう人数

ひとりと じっくり愛を はぐくむよ

あなたが、結婚までにつきあうのは 1 ～ 3 人。ひとりの人と、じっくり長くつきあうタイプみたいね。10 年間の大恋愛のすえに結婚♡なんてことも。結婚しても、ずーっとラブラブでいられそうだよ。

何人かと つきあったあと に電撃結婚 !?

あなたが、結婚までにつきあうのは 4 ～ 6 人。結婚相手にはビビビッ！ときて短いつきあいでも、運命を感じて結婚しちゃうタイプね。電撃結婚 !? なんてまわりからはびっくりされるかも。

う 理想を求めていろいろお試し？

あなたが、結婚までにつきあうのは7〜9人。いろんな人とつきあうけれど、本当に好きって思える人があらわれるまで結婚を待つみたい。でも、その努力が実って幸せな結婚ができるはずよ。

え たくさんの人と恋愛を楽しんじゃう！

あなたは、なんと結婚までに10人以上とつきあうみたい。たくさんの人を見て、結婚相手をさがすのね。恋多きタイプみたいだから、結婚はおそいかもしれないけど、そのぶん楽しい体験もたくさんするはず！

あてはまるのは どっち?

質問に答えて、あてはまるほうにすすんでね。

スタート

①→②‥‥▶

おやつに
食べるなら?

1 モンブラン
2 シュークリーム

電車で席が
あいたよ!
1 すわる
2 すわらない

パパとママ
どっちとなかがいい?

1 パパ **2** ママ

CDや本を
友だちに
すすめたことがある?

1 ある **2** ない

どっちの色が好き？
1 黄色
2 緑色

親友と言えるほどなかの
いい男友だちはいる？
1 いる➡診断 A へ
2 いない➡診断 B へ

どうしても
やらなきゃならないと
したら？
1 クラス委員➡診断 B へ
2 リレー選手➡診断 C へ

あなたには
お笑いのセンスがある？
1 まぁまぁ
2 あまりないかも
➡診断 D へ

いいと思った曲や芸人は
必ず人気になる？
1 なる➡診断 C へ
2 ならない➡診断 D へ

1日だけなれると
したら？
1 お花やさん
2 パンやさん

テスト結果は次のページ➡ 255

このテストでわかるのは…

ファーストキスの感想

A 超幸せ

あなたは思った以上のラブラブなファーストキスができそう♡人生でいちばんの、幸せな思い出にできるよ。

B こんなものか…

あなたは予想通りのファーストキスをするみたい。「こんなものか」って顔に出さないように気をつけてね。

C びっくり!

あなたはとつぜんのファーストキスにびっくりしちゃうみたい。驚きすぎて頭がまっしろって感じね!

D 覚えていない

あなたはせっかくのファーストキスなのによく覚えていないみたい。ドキドキしすぎちゃうのね。

究極の選択 テスト92 あなたはどっちの味方?

なかのいい友だちふたりがケンカしちゃった！
ひとりは泣いていて、ひとりはおこってるけど、
どっちに味方する?

A 泣いている友だち

B おこってる友だち

テスト結果は次のページ➡

257

診断92

将来のあなたは仕事中心？恋愛中心？

A　仕事中心

将来のあなたはバリバリ働くキャリアウーマン！　みんなに認めてもらえて、仕事がどんどん楽しくなりそう。朝から晩まで仕事で、家には寝に帰るだけという生活をしているかも。大変だけど、充実した毎日を送れるよ。

B　恋愛中心

おしゃれや恋愛への興味が強いあなた。将来は仕事よりも恋愛に夢中になりそう。いつもきれいにしているから、男の子からデートに誘われることも多そうね。もしかしたら、学生のときに結婚！なんてこともあるかも。

好きな人をかばう？

掃除の時間、あなたが受け持ったところを
ひそかに好きな男の子がふざけて
よごしちゃった。あとでそれを見た先生が
あなたにおこりはじめて……。どうする？

A 男の子がやりましたと正直に話す

B 男の子をかばい、だまっておこられる

テスト結果は次のページ ➡ 259

診断93

将来のあなたは冒険派？安定派？

A 冒険派

なにが起こるかわからないことにとてもワクワクしちゃうあなた。楽しそうなことにはなんでも手を出しちゃうよ。いろんな世界を見ていろんな経験をして、まさに冒険いっぱい、スリルいっぱいの人生を送りそう。あなたならどんな道でも楽しくすすめそうだね。

B 安定派

しっかり者のあなたは、きちんと計画を立て、そのとおりに物事をすすめるのが好きなタイプ。コツコツと努力を重ねて、いつか大きな夢もかなえちゃうかも。ドキドキはすくないかもしれないけれど、おだやかで安定した生活が送れるよ。

テスト94 星はどこに見えた？

草原の中の塔(とう)に住んでいるあなた。
満月(まんげつ)の夜空に見たことない星が見えたよ。
どこに見えたか描(か)いてみて。

このテストでわかるのは…

どんな大恋愛をするか

〜の
どのスペースに星を
描いたかで診断してね。

 に星を描いたあなたに待ち受けるのは…

ライバルとの戦いが絶えない恋愛

あなたが好きになるのは、超モテモテのカレ。たくさんのライバルの中から選ばれるシンデレラのような気分を味わえるけど、両想いになれてもカレのまわりには女の子が絶えなくて安心できないみたい。でも、うまくいかない恋のほうが燃え上がるタイプみたいだね。

 **に星を描いたあなたに待ち受けるのは…**

運命のカレと幸せすぎる恋愛

あなたは、好みのタイプとはちがうかもしれないけど、この人しかいない！　と思える相手に出会いそうだよ。びっくりするようなハプニングにいっしょに巻き込まれたり、不思議なぐうぜんが続いたり、運命的な出会いでとつぜん恋に落ちそう。

 **に星を描いたあなたに待ち受けるのは…**

理想通りのカレを長年の片思い

目の前にあらわれた理想のカレにあなたは一目ぼれ。だけど、気持ちを伝えられずにやきもきしそう。ほかの男の子に告白されても、根がこだわり派のあなたは理想をゆずれず、ずっとカレを思い続けるわ。その気持ちにカレが気づいたとき、幸せがおとずれるかも。

 に星を描いたあなたに待ち受けるのは…

情熱的な告白ではじまる恋

あなたは、カレのほうから情熱的な告白をされて大恋愛をするみたい。強引なカレにいつもドキドキさせられて、いつしかあなたもカレのことが大好きになりそう。たとえまわりに反対されてもカレさえいればいいって思えるほど、熱い恋愛をしそうだね。

テスト 95 愛犬とお散歩

愛犬と早朝の散歩に出かけたあなた。
気持ちがよくて寄り道したくなっちゃった。
質問に答えながら ～ の
なにを選んだか覚えておいてね。

Q1 いつもは曲がらない角を
曲がってみたよ。
なにが見えた？

 お店の派手な看板

 きれいな白い雲

 見たことないおしゃれな自転車

Q2 公園に行ったら、あなたを
呼ぶ声が聞こえてきたよ。
だれだと思う？

 同じ塾の友だち

 となりのクラスの女の子

 近所のやさしいおばさん

Q3 その人から、プレゼントを
もらっちゃった。
それはなに?

 A 新発売のガム

B 上品なクッキー

C 甘じょっぱい
おせんべい

Q4 とつぜん、愛犬が走り出したよ。
ついていった先は、どこだった?

A 駄菓子屋さん　　B 本屋さん　　C 洋服屋さん

Q5 だいぶ遠回りしたから、予定よりおそい時間に
帰ってきたあなた。お母さんから置き手紙が
あったよ。手紙にはなんて書いてあった?

A 朝ごはんはキッチンにあります

B お買い物にいってきます

C お散歩、おつかれさま

このテストでわかるのは…

あなたの20年後の姿

タイプ 1 女社長

あなたは将来、女社長になってビジネス界で大かつやく！　仕事もできて、男性からも女性からもまさにあこがれの存在として一目置かれるようになりそう。

タイプ 2 スポーツ選手

あなたは将来、スポーツ選手になって、世界をぶたいに大かつやく。今がんばっているスポーツ、またはあまり知られていないスポーツで、日本を代表する選手になるかも！

診断のしかた

各質問で選んだ答えの点数を足していって。合計点数からあなたの将来がわかるよ。

	A	B	C
Q1	3	5	1
Q2	5	3	1
Q3	3	5	1
Q4	5	1	3
Q5	1	5	3

- 5 ～ 9 点 ➡ タイプ1
- 10 ～ 14 点 ➡ タイプ2
- 15 ～ 20 点 ➡ タイプ3
- 21 ～ 25 点 ➡ タイプ4

タイプ3　大家族のお母さん

あなたは将来、すてきな人と結婚して、子どもをいっぱい産んで大家族のお母さんになりそう。たくさんの子どもたちに囲まれて大変そうだけど、きっと幸せもいっぱいね。

タイプ4　芸能人

あなたは将来、芸能人になってテレビや映画ではなやかにかつやくしそうね。街を歩いていたらスカウトされて、いつのまにかデビューなんてことも!? ドラマチックな毎日を送りそう。

みんなで集合写真

みんなで記念写真を撮ったよ。
左右の絵を見て、10秒以内で間違いを探してね。
いくつかあるから、なん個見つけられたかで診断してね。

将来の子どもの数

答え

間違いはぜんぶで4つ。
見つけられた数で
診断してみてね。

見つけた間違いは…1個

あなたの将来、ひとりだけ子どもを産んで、大事に大事に育てるみたい。かわいがりすぎて、ときには口うるさくなっちゃうこともあるけど、友だちみたいになかよしの親子になれそうだよ。

見つけた間違いは…2個

あなたは将来、ふたりの子どもをもつみたい。歳の差が近いきょうだいになりそうだから、小さいころはとにかくにぎやか。子どもたちといっしょになって遊んじゃう、元気なお母さんになりそう。

見つけた間違いは…3個

あなたは将来、3人の子どもをもつみたい。歳の差がはなれたきょうだいになりそうだから、上の子が下の子のめんどうをみてくれて、余裕のある子育てができそう。やさしいお母さんになれるよ。

見つけた間違いは…4個

あなたは将来、4人以上の子どもをもつ、大家族のお母さんになりそう。大変だけど、家族みんなで協力し合える、あたたかい家庭がつくれそう。きっと、おおらかで頼りになるお母さんになるよ。

宇宙旅行に行くのは…？

テスト 97

なんと、くじで宇宙旅行が当たったよ！
ほかに当たった人といっしょに行くみたいだけど、
その人は何歳？　また、旅行に行くのはどれくらい先？

テスト結果は次のページ ➡ 271

診断97

運命の人に出会う年齢とモテ期

いっしょに宇宙旅行に行く人の年齢でわかるのは…

宇宙旅行に行く時期でわかるのは…

あなたが運命の人に出会う年齢

いっしょに宇宙旅行に行く人の年齢は、あなたが運命の人に会う年齢。今の自分と同じ年、もしくは自分より下の年齢だと考えた人は、もう運命の人に出会ってるってこと。今、恋がはじまっていなくても、大人になってから再会して恋に落ちるってこともあるよ！

あなたのモテ期

宇宙旅行に行くと決めた時期が、あなたの人生の中でもっともモテる時期。「今すぐ行きたい！」って考えた人は、今がモテ期ってことだよ。今のチャンスを逃さないで！　すぐに行くと思わなかった人は、自分みがきをして、今のうちにもっとかわいくなっちゃおう。

テスト98 お買い物したものは?

自転車でお買い物!「アレ」ってなにかな?

すいません
アレを
ください

なんか
見られてる…

ただいま〜!
アレ買ってきたよ〜

あ たくさんの花束

い 大きな袋いっぱいに
入ったお菓子

う 巨大なぬいぐるみ

え 大量の洋服

テスト結果は次のページ ➡

診断98 あなたの夢をかなえるパワー

あ を選んだ人は…

まわりの人からの応援がパワーに

もともとさみしがりやなところがあるあなたは、まわりの人から期待されたり、応援されたりすると、うれしくっていつも以上の力を発揮！ 期待に応えようとついムリをしちゃうこともあるけど、自分でもびっくりするくらいの能力が出せるよ。

い を選んだ人は…

かなったあとのごほうびがパワーに

想像力がゆたかなあなたは、「こんないいことがある」という具体的なごほうびがあると、すごくやる気がでるタイプ。いきなり大きい目標をかかげるよりは、小さい目標をひとつずつクリアして達成感を味わうほうが、がんばれるはず。

 **う** を選んだ人は…

いっしょにがんばる なかまがパワーに

あなたはグループの中でこそ輝けるタイプ。ちょっと自分に甘いところもあるけど責任感が強いから、いっしょにがんばるなかまがいたほうが、つらいことにも耐えられそう。同じ夢を持つ子と出会えるといいね。

え を選んだ人は…

自分の成長がパワーに

「こんなことができるようになった！」という自分の成長が、なによりもがんばるパワーとなるあなた。なりたい自分への理想が高ければ高いほど、それに向かってがんばれるみたい。才能のある人にたくさん会うと、いい刺激になるよ。

ブラックストーリー診断 4

最後にわたしからあなたへ
未来予告をプレゼントするわ。
ふふふ…
どんな未来が
待っているのかしら。
え？　知るのがこわい？
知っておいたほうが
役に立つわよ〜

ふつうの小学生のあなた
の前に、大きな車がとまっ
たよ。おりてきたのは、黒
スーツを着たかっこいい
男の人たち。あなたが見
ていると、男の人たちが
近づいてきて…。

テスト99

「おむかえにまいりました」とやってきたのは…

かっこいい男の人たちは、あなたをむかえに来た執事。その時間はいつごろだと思う?

- あ 朝
- い 昼
- う 夕方
- え 深夜

テスト結果は次のページ ➡

このテストでわかるのは…
あなたの不幸体質度

 あ 不幸体質0%

あなたには不幸もよけていくハッピーパワーがあるようね。なにかに対して「イヤだな」と思うこと自体、すくないんじゃない？　まさに不幸なんて感じないタイプだわ。このまま勝手に幸せになっちゃえば！

 い 不幸体質20%

ムムム…。あなたは強い心の持ち主のようね。不幸は人並みにおとずれるタイプなのに、その不幸はすぐあなたの元を去ってしまうわ。あなたが、イヤなことがあっても気にしないで、すぐ忘れられるタイプだからかしらね。

 **う** 不幸体質70%

どうやらあなたは、ふつうの人よりも不幸を呼び寄せてしまう傾向があるみたい。こうなったらイヤだなぁってことが本当に起こったりするでしょ？　でもそれは、あなたがそう思っているからかも。いい方向に考えると改善されるわよ。

 え 不幸体質50%

あなたの不幸体質度はやや高め。ふだんからちょっとイヤなことが度々起こっているはず。でもつらいときほど自分が成長できる！　なんて思っているから精神的ダメージはすくなくてすむみたいね。

テスト100 お城で待っていたのは…

連れてこられたのは大きなお城。ドレスに着替えたあなたの前に王子様があらわれたよ。王子様があなたに言った言葉は？

あ せいぜいゆっくりしていくがいいさ

い キミにはもったいないくらいきれいなドレスだね

う オレ、つかれてるんだけど…

え 見慣れない顔だな。どこからきた？

テスト結果は次のページ➡ 279

このテストでわかるのは…
あなたのつまずきポイント

 **あせってつまずくタイプ**

あなたが失敗をするときは、たいていあせっているとき。あせりすぎてタイミングを間違えたり、まだなにもはじまっていないのに、ひとりでバタバタしたり……。落ちついたらうまくいくのにね。

 ズボラでつまずくタイプ

あなたは、身のまわりをきれいにしたり、物事をきちんとするのが苦手なのかしら。それが原因でいろいろなチャンスを逃すことになるみたい。ちょっぴりめんどうに思うことも、やってみるとためになることもあるわよ。

 **元気すぎてつまずくタイプ**

あなたはいつもパワフルに動いているみたいだけど、そのありあまるパワーがときには災いを招くことになるみたい。元気すぎて友だちがついていけなくなることもあるんじゃない？　まわりに合わせることも忘れずにね〜。

 のんびりしすぎてつまづくタイプ

のんびりやさんで消極的なあなた。今はいいかもしれないけれど、そのままだといつか後悔するかも。友だちがいろいろ行動しているときに、あなたはなにもしないで、みんなに乗り遅れたり……。もっと活発になってみたら。

テスト101 手紙をさがせ！

とつぜん、王子様がアクマに変身！
「おまえはアクマの国の花嫁。
城からは出られないぞ。」
でも、逃げるヒントが書かれた手紙が
かくされているよ。どこを探す？

 大きなテーブルの上　 宝石が入った引き出しの中

 フカフカのまくらの横　 ソファのクッションの下

テスト結果は次のページ ➡ 281

診断 101

将来のお金持ち度

お金はなかなか貯まらない

あなたの将来のお金持ち度は低め。でも貧しいわけではないみたい。あなたは、友だちをいっぱい作りたいって思っていて、稼いだお金も友だちのために使っちゃうみたい。あなたの財産はお金じゃなくて人ってわけね。

 だれもがうらやむお金持ちに！

あなたには、お金を引き寄せるラッキーパワーがついているわよ。将来、お金持ちの人と結婚して、ゆうがな暮らしを手に入れちゃうかもね。自分でもお金を稼ぐ才能があるから、会社を立ち上げるのもいいんじゃない？

う お金に困らず暮らせそう

あなたは、まあまあお金持ちになれるみたい。でもそれは年をとってから。あなたにはお金を貯める才能があるのね。むだづかいせずコツコツ貯金して、大金持ちまではいかないけど、将来は余裕のある暮らしができるわ。

お金は入ってくるのに使っちゃう

あなたには、お金を稼ぐ才能はあるのに貯める才能がないみたい。決してお金に困ることはないのに、入ってきた分使っちゃうから、いつも「お金が足りない」って思いながらすごしそう。計画的になれば余裕ができるのにね。

テスト
102

本物の王子と いっしょに逃げろ！

見つかった手紙はこの国の本物の王子様から。
「いっしょに城を抜け出そう。夜の1時に〇〇で待ってる」
その待ち合わせ場所はどこ？

あ　今いる部屋のクローゼットの中

い　地下室　　う　最上階の部屋　　え　お城の門のカゲ

テスト結果は次のページ ➡ 283

診断 102

ズバリ、結婚できる？できない？

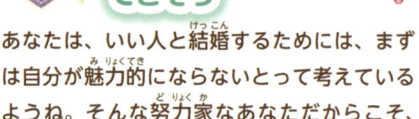

あ　理想どおりの結婚ができそう

あなたは、いい人と結婚するためには、まずは自分が魅力的にならないとって考えているようね。そんな努力家なあなただからこそ、すてきな人と理想どおりの結婚ができそう！

い　予想外の結婚にびっくり!?

情熱的なあなたは、思ったより早く結婚しちゃうんじゃないかしら。出会ってすぐ電撃婚なんてことになって、自分でもびっくりしちゃうかも。理想とはちょっとちがうカレを相手に選んだりするかもね。

う　遅い結婚かも

あなたにはあまり結婚願望がないのかしら？　本気で結婚したいと思うようになるのが遅めだから、ほかの人より遅い結婚になりそう。その気になれば早く結婚できるから、本当に好きな人に出会うタイミング次第ね。

え　結婚しないかも!?

あなたは将来、結婚しない生活を選んじゃうかも。趣味や仕事に夢中になって結婚は後回しってタイプね。男の子にはいつもモテるから、その気になれば結婚できるけど、結婚しなくても楽しく生活できそうよ。

とっておきおまじない

今をちょっと変化させることで、未来が大きく変わることも！
未来の幸せにつながるおまじないだよ。

集中力アップの

おまじない

ふたをしたままのむらさき色のペンで、ふとももに図のようなダビデの星を書いて。集中力がアップするよ。

ダビデの星

意思が強くなる

おまじない

ずっと使っているハンカチの角に緑色の糸を短くぬいつけて。大事なときにそのハンカチをにぎりしめると、迷ったり不安になったりしないですむよ。

人前で
きんちょうしない

おまじない

東の方角を向いて目をとじ
て、両手のひとさし指と小指
をくっつけて9秒間数えて。
みんなの前に立つときにため
してみてね。

キレイになれる

おまじない

リボンを手首に軽く巻いて
ちょうちょ結びにするよ。結
び目を手首の脈の位置にあわ
せて、なりたい自分をイメー
ジ。毎日おふろあがりにやれ
ば魅力的になれるよ。

友だちがふえる

おまじない

ペンやノートなど、自分の持
ち物に黄色のペンで名前を書
いてみて。みるみるうちに友
だちがふえて、人気者になれ
ちゃうかも。

苦手な友だちとうまくいく

おまじない🔑

毎朝、上ばきにはきかえるとき、つま先でゆかをトントントンと3回たたいて。苦手な友だちともスムーズに話せちゃうよ！

トントントン

夢がかなう

おまじない🔑

晩ごはんを食べたあとに北西を向いて、次の日に学校に持っていくハンカチをたたんで。それを毎日くりかえすと夢がかなうよ。ハンカチはどんな柄でもOKだけど、花柄のハンカチだと◎。

北西

お金がたまる

おまじない🔑

お気に入りのソックスを洗濯して、右足のソックスの中だけに10円玉を1枚入れて。それを自分の部屋の南の方角に8日間置いておくとお金がたまるよ。部屋に置いておくときは、左右両方をそろえてね。

南

著者 クロイ

心理テスト作家・占星術研究家。
ティーン誌から大人向け雑誌まで、多くの媒体で心理テストを執筆。そのほか、遊び心のある動物占いから本格的な星占いまで、バラエティ豊かな占いにも定評がある。著書に『キュートな女の子の誕生日うらない＆おまじない』（日本文芸社）など。
http://kuroi.cc/

マンガ	こすずめ
イラスト	秋咲りお　佳奈　クルスン　こいち　しらくらゆりこ hnk　星野ニア　りーりん
デザイン	柿澤真理子
DTP	株式会社明昌堂　加藤美保子
編集協力	高島直子

※本書は、当社ロングセラー『ミラクルあたる！ ヒミツの心理テスト』（2009年7月発行）に新たなページを加えて再編集し、書名・価格等を変更したものです。

ミラクルハッピー
ヒミツの心理テストMAX

著　者	クロイ
発行者	若松和紀
発行所	株式会社 西東社
	〒113-0034　東京都文京区湯島2-3-13
	http://www.seitosha.co.jp/
	営業部　03-5800-3120
	編集部　03-5800-3121〔お問い合わせ用〕

※本書に記載のない内容のご質問や著者等の連絡先につきましては、お答えできかねます。

ISBN 978-4-7916-2379-2